給中學生的情緒管理術

一輩子都需要的**情緒調適力**，現在開始學習！

文——楊俐容、孫德齡
漫畫——蛋糕假面X
協力指導——臺灣芯福里情緒教育推廣協會

給中學生的情緒管理術

目錄

企劃緣起

從十三歲開始，培養面向未來的關鍵能力！

文／親子天下董事長兼執行長　何琦瑜

寫給讀這本書的少年們：

打開這本書的你，可能每天被考不完的試、寫不完的功課，或總是背了又忘、忘了又要背的課本，霸占了多數的青春時光。也或許你看穿一切，根本已經放棄；或是你正在學校裡打混，想辦法在老師和父母所給的壓力夾縫中求生存。不論如何，偶爾在你發呆、打手遊、看Youtube的餘暇中，或是埋首功課煩悶的夜晚，一定曾經想過：這一切，所為何來啊？白話翻譯就是，我現在花這麼多時間做的事情、學的這些東西，到底以後，是可以幹嘛的呢？

如果你腦海裡曾經閃過這個「大哉問」，恭喜你，這代表你開始對自己的未來有所想像和期許！如果你試圖主動思考、想要安排規劃「你的人生」

（而不是你爸爸媽媽交代而勉強去做的喔），那麼這個系列「從十三歲開始」，就是為你準備的。

學校沒有教，卻更重要的事

你對自己的未來有什麼夢想和期許？想當畫家或歌手？銀行家或老師？或是你根本沒想那麼遠，只想變瘦一點讓自己更有自信，或是想要多交朋友讓自己更快樂；也許你希望英文變好一點可以環遊世界，或是可以更有效率的通過考試念到好高中或大學……，不論那個「未來」是遠是近，是什麼樣的圖像，只要你想要「改變」什麼，「完成」什麼，你就已經開始學習，為自己的人生掌舵。就像開飛機或開車，你得要先經過駕訓班，裝備一些開車開飛機的基本概念、操作技術和能力認證，才能上路；「掌舵」你自己的未來，也需要裝備一些「關鍵能力」，能夠幫你更快實現夢想、達成目標、真正負起責任，並取得別人的授權與信任。

這些必須裝備的「關鍵能力」包含：

- 認識自己的長處和優勢、懂得為自己設定方向的目標力
- 計畫、改善、行動的執行力
- 獨立思考、解讀判斷的思辨力
- 用文字和口語，論情說理、表述清晰的溝通力
- 與他人相處、合作、交往的人際力

【十三歲就開始】是陸續往這些關鍵能力發展成書的系列。書裡面沒有「老人的教訓」，而是幫助你上路的「使用說明」。因為我相信，開始讀這本書的你，一定是個極有主見，而且時時想要讓自己更好的讀者。你聽的嘮叨夠多了，我們不必多加贅言。所以，我們替你綜整各方各派有用的方法和工具，深入了解這個年紀開始碰到的「痛點」，提供具體的「行動方案」。書裡各式各樣發生在生活裡的難題和故事，也幫助你提前想一想：如果換做我是主角，面對同樣的兩難，我會怎麼做？

這個系列中各書的主題，都是你馬上用得到，生活裡就能馬上練習的能

力。有時間和心力的話，你可以照表操課，不斷演練改進。若沒有餘裕，也可以讀一讀書，找到一、兩個適用的工具或提醒，謹記在心，潛移默化的向目標前進。

有些大人認為，少年人都沒有韌性和毅力。我不相信這個說法，相信你也不會服氣。【十二歲就開始】這個系列，就是希望能陪伴有志氣的你，務實做好面對世界、面對未來的準備。讓你有信心的說：「相信我，我做得到！Yes I can！」

專家推薦

擁有高EQ，幸福一輩子！

文／青少年心理專家　楊俐容

青春年華，是開發天賦潛能、塑造自我風格、追尋生涯夢想、結交良師益友，甚至透過情感探索，明瞭能與自己心靈契合的伴侶會是什麼模樣的大好時光。而這一切，無非都為了一個目標——為自己創造幸福的人生！

然而，幸福是什麼呢？開心、愉快、喜悅、滿足，或者得意、自豪、平靜、被愛時，幸福感便會油然而生；憤怒、悲傷、鬱悶、不滿，或者嫉妒、自卑、煩躁、孤單時，則會覺得不幸福，甚至對活著這件事感到不解和困惑。

所以，想要幸福，首先必須能夠主動去感受和創造美好的情緒，再把這些經驗收藏在記憶裡，成為自己的活力泉源。在面對生活中無法避免的不愉快情緒時，則能抒發調節，甚至讓這些感覺轉化為自我突破的動力或了解別人的地基。這些，都是高EQ的表現！

EQ是情緒商數的英文 Emotional Quotient 之簡稱，代表的是一個人的情緒管理能力，因此又被稱為情緒智能（Emotional Intelligence）。EQ對於身心健康、學業成就、工作表現、人際關係等影響很深，在近代也受到極大的重視。

許多人以為，只要IQ高、成績好，就掌握了幸福的門票。但事實上，研究指出，隨著年紀增長，學業成就受到IQ以外的因素影響也越來越多；出了社會以後，在同一個行業裡，EQ對於一個人的最終成就（包括職位、薪水、生產力高低等）的影響，更是遠遠大於IQ。

如果我們再把眼光轉移到成就以外的地方，像友誼、愛情、人際關係、家庭經營，或者是健康、自信，甚至是對快樂幸福的感受時，IQ的影響已經微乎其微，而EQ則成為最關鍵的因素。

正因為如此，我以多年推動EQ教育的經驗為基礎，列出青少年最容易面臨的情緒疑惑和困擾，希望透過有助益的觀念、實用的測驗與可供練習的技巧，幫助你認識自己的情緒風格，肯定自己的長處、調整自己的弱點，成為充分掌握自己情緒的達人。祝福年輕的你，擁有高EQ，幸福一輩子！

第1章

觀念篇

學習情緒管理，開創正向的幸福人生

你最愛的偶像代言一款限量發行的紀念品，今天下午五點正式開賣。一放學，你十萬火急趕往學校對街的超商，打算在ibon上訂購。衝到路口時，看到超商前已排了長長的一條人龍，你正準備加快速度向前衝，偏偏就在這時候，紅燈亮了。

下面四種反應，你是哪一種？

一、心平氣和停下來等紅燈：「反正不差這一分鐘。」

二、停下來等紅燈，但滿肚子不高興：「吼，這紅燈早不亮、晚不亮，擺明了跟我作對嘛！」

三、「＊&#%……等越久排越長，不管了還是衝吧！」忍不住衝過馬路，但心裡有一點罪惡感。

四、「紅燈？不用理它啦！」大概看一下左右來車後，就大搖大擺穿越馬路。

以這個等紅綠燈的情況做例子，我們可以用「觀念」、「行為」跟「情緒」三個成分，來解析一個人的EQ功力：

如果你的答案是一，代表你觀念正確，知道紅燈該停；行為恰當，能夠控制衝動，停下來等綠燈亮；更重要的是，你懂得照顧自己的情緒，能以「反正不差這一分鐘」來安撫自己、調節情緒。以這個例子而言，你可以說是一級棒的EQ高手。

如果你的答案是二，代表你知道該怎麼做，也都做得到，但心裡的情緒就是過不去。換句話說，你外在看起來很OK，但其實內在常常很鬱卒。這樣的EQ功力大概屬於中級班，需要持續提升調節情緒的能力，才能成為EQ高手。

如果你的答案是三，代表你雖然觀念正確，但行為控制力不佳，所以也常常因情緒衝動而懊惱和自責。這種人EQ功力還在初級班的程度，除了調節情緒，更需要加強情緒覺察和自我控制的能力。

如果你的答案是四，那可就要多注意了，因為這表示你的觀念有問題，又缺乏自制力，常常讓情緒衝動牽著鼻子走。

按照上述的說明，可以將ＥＱ高低，整理成以下表格：

ＥＱ段位	情緒調節	行為控制	道德觀念
1.高級	O	O	O
2.中級	X	O	O
3.初級	X	X	O
4.零級	X	X	X

你也可以用這個架構來分析生活中其他的情緒問題。比方說，好朋友不小心說錯話，踩到你的地雷，遇到這種情況每個人心裡都難免不舒服，但ＥＱ高手往往念頭一轉：「再要好的朋友也有不對盤的時候，而且他又不是常常這樣，算了。」情緒一下子就過去了。中級的ＥＱ高手知道亂發脾氣會傷友誼，所以能勉強壓抑怒火、忍住不發脾氣，但心情卻悶好幾天。功力差一點的，就是明明知道不該暴衝，可是情緒一上來就是擋不住，結果跟朋友

大吵一架，一回家就後悔了。最糟糕的一種人，是一不高興就亂發脾氣，還認為這叫「有話直說」，完全不知道這樣會傷害到彼此之間的關係。

什麼是情緒管理？

我們常用「IQ」（Intelligence Quotient）來形容一個人的聰明程度，而「EQ」（Emotional Quotient）則是指「情緒商數」或「情緒管理能力」，也是一個人能夠了解並妥善處理自己和別人情緒的能力。其中，和自我特別有關的EQ包含以下三種能力：

- ☑ **了解自己的情緒**：及時發現、準確辨別的能力。
- ☑ **妥善處理自己的情緒**：適當表達、控制衝動、有效調節的能力。
- ☑ **自我激勵**：面對挫折、延宕滿足、壓力控管、正向思考的能力。

所謂了解自己的情緒，是說在事件發生時，要能及時發現自己有情緒，清楚辨別自己的情緒是什麼、來自哪裡，接下來才能對症下藥，思考該怎麼處理。

情緒不會無緣無故消失，所以需要妥善處理。懂得適當表達，讓別人清楚接收到你的情緒訊息，才不會傷害人際關係；能夠控制衝動，就能避免情緒失控、傷人傷己。至於心裡的小疙瘩、不愉快，也要注意總量控管，同時學習調節情緒的好方法，為情緒找到出口，才不會悶到內傷，或演變成突然的情緒大爆發。

另外，挫折、欲望、壓力在日常生活中隨處可見，也往往是負向情緒的來源。培養自己面對挫折、抵擋欲望誘惑的能力，以及對壓力抱持健康心態、累積正向愉快的生活經驗，都能提升自我激勵的能量。

為什麼要學習情緒管理？

也許你會覺得，情緒好不好是自己的事，何必特別去學怎麼「管理」？人在出生時，大腦負責情緒反應的部位就已經接近成熟，不必學習自然就會有情緒；但是「管理情緒」的能力卻是需要透過後天學習，才能建立相關的神經路徑。而青春期正是學習情緒管理的重要時機。

青春期的生活開始變得比較複雜，有許多學業和人際的課題需要去面對和處理，情緒來來去去、起起伏伏是家常便飯，學習情緒管理可以幫助我們了解、解決生活的問題；另外，青春期也是大腦發展的重要階段，透過情緒管理的學習和練習，大腦負責管理情緒的機制才會越來越成熟。

怎麼做，才能提升情緒管理能力？

要學習情緒管理，必須先知道情緒是怎麼一回事。

心理學家認為，情緒發生時，有五個元素會在短時間內同步進行、互相影響。我們可以用下面這個圖來說明人類的情緒機制：

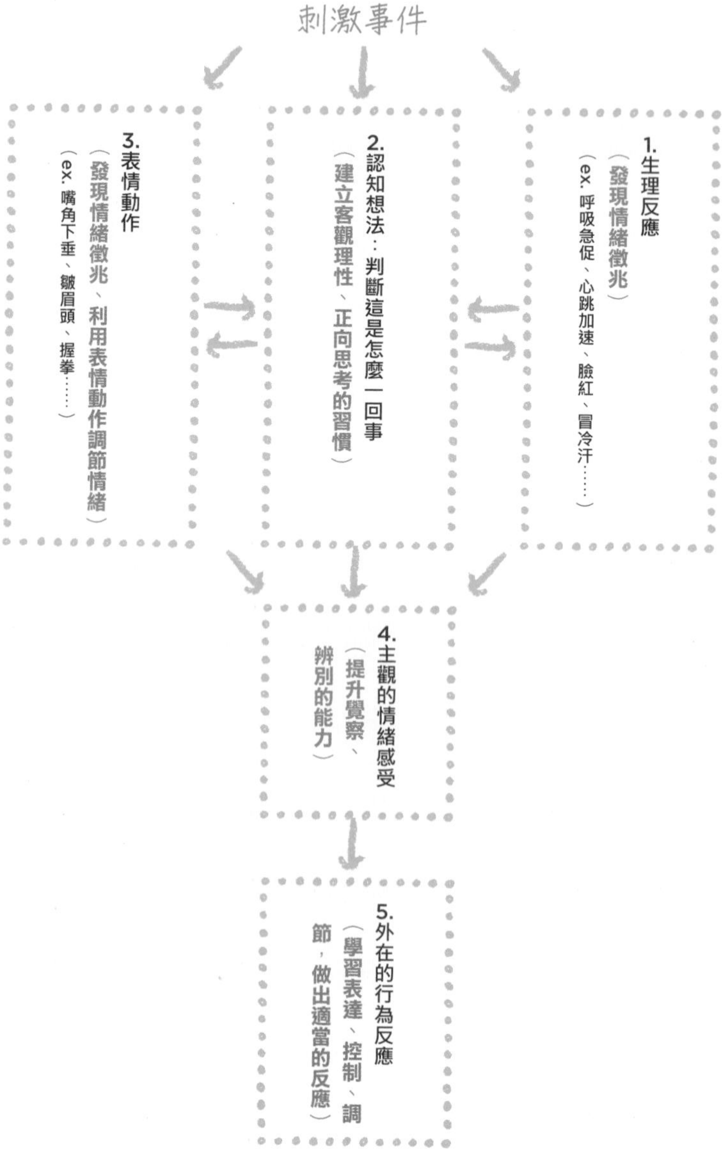
刺激事件
1.生理反應
（發現情緒徵兆）
（ex. 呼吸急促、心跳加速、臉紅、冒冷汗……）
2.認知想法：判斷這是怎麼一回事
（建立客觀理性、正向思考的習慣）
3.表情動作
（發現情緒徵兆、利用表情動作調節情緒）
（ex. 嘴角下垂、皺眉頭、握拳……）
4.主觀的情緒感受
（提升覺察、辨別的能力）
5.外在的行為反應
（學習表達、控制、調節，做出適當的反應）

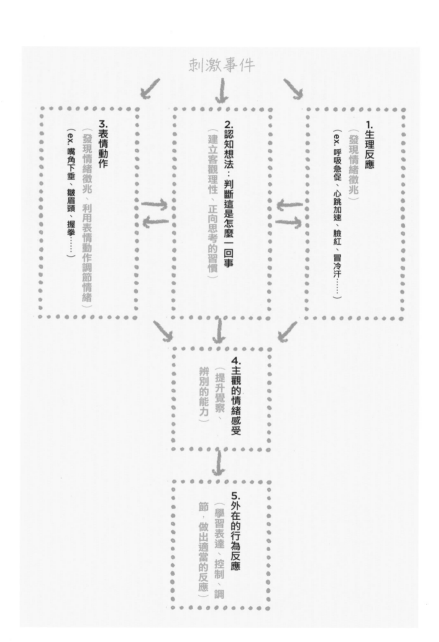

舉例來說，「好朋友說話得罪你」，你的反應會是什麼？是很生氣的馬上嗆回去，還是有點不高興臭著臉走開？其實，這些情緒感受跟行為反應已經是大腦綜合判斷後的結果。

「好朋友說話得罪你」就是一個刺激事件，這時身體會在很短的時間內自動產生一些生理反應，像是肌肉緊繃、呼吸急促，或是因為末梢血管膨脹而造成面紅耳赤……表情和動作也會不自覺的產生變化。比方說你可能會不自覺的瞪大眼睛、皺眉頭，或是下意識的握緊拳頭。在此同時，你的大腦會快速找出相關的記憶，對當下正在發生的事情做出解釋，像是：「他在大庭廣眾下羞辱我」或「他今天心情不太好」。

大腦綜合以上三個元素，才會產生「很生氣」或「有點不高興」這類主觀的情緒感受，並導引出像「直接嗆回去」或「臭著臉走開」等外在的行為反應。

回想一下，你平常快要生氣之前，是不是會不自覺的心跳加快、呼吸急促？而緊張則是經常伴隨著冒冷汗或臉紅？碰到討厭的人，情緒還沒出現，眉頭就已經皺得像山一樣高？可見情緒發生前通常都會有徵兆。

除了生理反應，認知想法也是決定情緒重要因素，所以客不客觀、理不理性、正向或負向思考，決定你會有什麼情緒。至於情緒產生後要怎麼反應也是可以控制的，只要反覆練習，就能找出比較好的回應方式。

越來越多研究指出，情緒管理能力和身心健康、學習成效、人際關係，以及未來的學業或工作表現有很大的關係，情緒平穩也更容易感受到幸福。現在就開始，學習掌握情緒機制，讓自己朝著高EQ的人生邁進！

學會情緒管理能讓你：

良好的學業表現

促進人際關係

邁向幸福人生

表情影響情緒

人類基本的情緒大約有六到十種，心理學家發現當人們感覺到某種情緒時，不論是什麼樣的種族或文化，基本上都會以同樣的臉部表情來傳達。

不過，心理學家還發現，表情不只能傳達情緒，也能回過頭來影響我們的情緒；換句話說，「開心時會笑瞇瞇，笑瞇瞇會讓我們更開心；難過時愁眉苦臉，常常愁眉苦臉讓我們更覺得難過」。所以，「好表情帶動好心情」的說法可是有理論根據的。

本章重點

- 自我EQ包含：了解自己的情緒、妥善管理自己的情緒，以及自我激勵三種能力。
- 學習情緒管理，可以讓我們身心健康、人際加分幸福百分百。
- 掌握情緒機制，練習放鬆身體、調整表情、改變想法，就可以成為EQ高手。

使用本書的方法

本書特別列出在情緒管理上，最容易遇到的八大痛點，提供簡單可行的方案。每個痛點的解說都包含了：

每一則痛點會先以漫畫故事開場，讓漫畫人物先帶領你找出情緒管理的問題點。

漫畫故事之後，先想一想若是自己遇到這樣的問題，你會怎麼做？

進一步解說痛點背後的原因，找出真正的問題。

透過測試，了解自己在情緒管理上是否有同樣的問題。

學習問題點的解決方案。如果在前面測試中，證明你有類似的問題，可以參考這裡的解決方案和工具，運用在實際生活中。

條列出章節重點，你可以重溫概念，也能更加清楚要改善的重點。

每個單元都提供了延展練習，幫助你在生活中落實情緒管理。

最後一個單元是情境習作，結合前面八個單元的情緒管理流程圖，從中找出自己的情緒弱點，加以擊破。

使用本書時，你可以按照順序，從第一單元進行到第八單元，如果你很清楚自己的問題點，也可以直接從你覺得有幫助的問題點，開始研讀。

漫畫人物介紹

接下來的每一個單元，都會由這幾位可愛的漫畫人物帶領你找出情緒管理的問題點，他們每個人都有一些情緒管理上的毛病，找找看誰的問題點跟你最相近，跟著他們一起解決這些惱人的小麻煩吧！

佑承

國一男生，運動細胞很發達，但脾氣火爆，做事沒耐心，經常控制不住自己。

曉琪

國一女生，班長，陽光美少女，人緣非常好，凡事要求完美，因此帶給自己很大的壓力。

親切年輕的女老師，關心班上學生們的情緒，深受大家歡迎。

國一女生，個性比較內向、壓抑，不輕易向人吐露心事，具有一點憂鬱的氣質。

國一男生，班上的開心果，脾氣很好，跟任何人都合得來，但有時候有點沒自信。

痛點 1

我一不小心就會把脾氣發在不相干的人身上……

老是把身邊的人當成心情不好時的出氣筒，該怎麼改掉這個壞習慣？

鈴鈴鈴
鈴鈴鈴
鈴鈴鈴
林佑承！都幾點了，還不起床！
十五分鐘後
碰碰碰
真吵。
林佑承，你還要在廁所摸到什麼時候！
喂，你的早餐沒拿啊！
不吃了，麻煩死了。
斷線
@#$%^&
等一下，我還沒罵完。
我要遲到了，先走一步。

天下中學
衝
衝
全力衝刺！
訓導主任
絕對要趕上！
安全上壘！
林佑承。
在走廊上奔跑，你是不是想被罰掃廁所？
哈
哈
哈
哈
佑承。
幹嘛？
本週第三次被罵。
可惡！
煩死了！

下午班際籃球賽
只剩三十秒，還落後兩分！
加油！
加油！
15
13
推擠
佑承！這邊！
投出
咻—
嗶——
比賽結束！
什麼爛比賽啊！
一群笨蛋！

哥～
哥～
巷口便利商店的冰淇淋特價耶，陪我去買啦！
走嘛走嘛。
煩死了，要吃不會自己去買啊！
愣住
嗚……
哇
哇
林佑承！你又做了什麼好事！
今天也太背了吧。全世界都在跟我作對！

佑承的脾氣發得有道理嗎？

「為什麼全世界的人都要跟我作對！」仔細想想，真的是這樣嗎？

你或許也遇過類似的狀況：明明只是個小委屈，卻發起大脾氣，把周圍的人嚇一跳，但隔天就發現事情其實沒那麼嚴重。

或者像佑承一樣，把脾氣發到無辜的第三者身上，破壞了彼此的關係，也讓自己後悔不已；甚至你正好就當過那個被流彈所傷的「無辜者」，覺得自己真倒楣，不知道到底哪裡得罪對方。

你想過為什麼人會莫名其妙不耐煩，甚至遷怒別人、亂發脾氣嗎？

為什麼會莫名其妙發脾氣？

日常生活中的每一件事，都會引發我們的情緒反應；有些情緒是正向的，有些則是負向的。比方說，考試進步被誇獎，心裡很「得意」，就是正向的情緒；下雨天過馬路，被疾駛而過的車子濺了一身水，內心忍不住大喊：「我怎麼這麼『衰』！」則是負向情緒。我們的情緒不只受外在事件影響，也和太餓、太忙、沒睡飽、生理期等「內在狀態」有關。

不管正向或負向，情緒是會累積的，累積多

了，就變成所謂的「心情」。仔細想想，你「心情不好」的時候，通常是由單一的情緒事件所引起？還是接連發生好幾件不愉快的事情，才逐漸讓心情變糟？

當然，正向情緒也一樣。扶老先生過馬路、跟喜歡的對象多說兩句話、難得一次的灌籃成功……好的情緒累積多了，自然會有好心情。好情緒有時也會舒緩壞情緒帶來的影響，正負抵銷，心情就不會太差。

及時覺察壞情緒

如果能在事件發生當下，馬上發現自己的壞情緒，及時處理不累積，通常就可以避免「壞心情」的產生。問題就在於我們從小沒有學會「覺察」，以至於無法發現自己的「壞情緒」；或是當心裡覺得「不舒服、有疙瘩」，大人卻常常回一句：「那有什麼好難過（沮喪、生氣……）的！」，逐漸習慣把情緒丟在一邊不處理，等到忍耐不住才一口氣爆發出來。可是到了這個時候，往往已經搞不清楚，到底什麼才是造成自己心情不好的「罪魁禍首」。

常常處於「壞心情」，不但會有人際關係上的問題，甚至會影響身心健康。如果在不恰當的時間、地點，把壞心情發洩在不相干的對象身上就會造成「遷怒」；習慣遷怒的人，很容易變成別人眼中「脾氣差」或是「難搞」的對象！

再回頭看看佑承的例子，從被媽媽罵、被訓導主任罵，居然還輸球，佑承累積了一整天的壞情緒沒處理，最後爆發在妹妹身上。妹妹被遷怒真的很無辜，不過，發了脾氣的佑承一定也覺得自己很倒楣。

佑承難道不能生氣嗎？

可不可以生氣？當然可以！

大部分的人都會覺得生氣是不對、不好的。事實上，生氣是一個人在達到目的的過程中遇到障礙，因為挫折感而表現出來的情緒反應；如果懂得善用這股憤怒的能量，甚至可以讓你排除障礙、達到目標喔！像歷史上越王勾踐「臥薪嘗膽」的故事就是「化悲憤為力量」的好例子。

只不過，我們往往沒有找到引起憤怒的真正原因。比方說，早上明明還想睡卻被媽媽叫醒，心裡當然有氣。可是，仔細想想，引起你憤怒的元兇是「媽媽叫你起床」還是「沒睡飽」呢？所以你要想的是「為什麼會沒睡飽」？是昨天熬夜打電動，太晚睡了嗎？如果是，對媽媽發脾氣能解決問題嗎？

生氣本身不是壞事，甚至還可以變成激發我們突破障礙的動力。重點在於你有沒有發現憤怒的情緒，找到情緒背後的真正原因，再把它發揮在好的方向。情緒是有能量的，如果沒有及時發現、將情緒導引到適當的方向，就很有可能波及無辜。

從小，我們常聽到人家說：「不可以隨便亂發脾氣！」這句話的重點在不可以「隨便亂發」，而不是「不可以發脾氣」。每一種情緒都有存在的價值，不用刻意忍耐，因為壓抑久了會內傷，甚至造成更嚴重的爆發。重要的是每個人都該學習如何在對的時間、對的地點，以恰當的方式處理情緒。

情緒像颱風，重點是做好「災害控管」

情緒就像颱風，如果掌握自己的「情緒徵兆」及時覺察，就可以事先發布警報，讓周圍的人做好防颱準備，做好災害控管。

比方說，你已經一連遇到好幾件倒楣事，也隱約感覺到自己情緒不太好，這時如果遇到老愛虧你的同學，只要先跟他說：「我今天心情不好，不要跟我開玩笑！」，或許就可以避免遷怒對方和後續的人際衝突。

另外，你也可以回想一下：自己肚子餓或口乾舌燥的時候，心情是不是特別差？早起會不會有起床氣？或者，生理期的不舒服，是不是讓你看什麼都不順眼？如果你很清楚自己的情緒容易受到身體狀況的牽連，只要說清楚、講明白，適時給周圍的人一點暗示，就可以減少衝突的發生喔！

CHECK

你能敏銳覺察自己的情緒嗎？

你能及時覺察自己的情緒，還是每次都忍耐過頭，等到忍不住才一口氣爆發？看看下面的描述，自己符合幾項！

1. (　) 我很清楚自己情緒的好壞。
2. (　) 心情變差時，我能馬上感覺到。
3. (　) 我通常知道自己心情不好的原因是什麼。
4. (　) 我常傾聽自己內心的感受，並藉此了解自己情緒。
5. (　) 我能從生理狀況、身體反應來了解自己的情緒。
6. (　) 我的表情很豐富。
7. (　) 我能坦然接受自己的情緒。
8. (　) 我喜歡和別人分享彼此的情緒感受。

解析　如果符合的項目為零或少於 4 項，表示你不太容易發現自己的情緒，很可能不知不覺讓情緒累積過量，導致突然的大哭或大怒，波及身邊的人。

書寫情緒日記，及時覺察情緒線索！

情緒通常都有跡可循。如果你過去不太習慣覺察自己的情緒，可以先試著記錄情緒事件，看看它帶給你的是正向還是負向情緒，引起的強度有多強？再從中找出自己的情緒線索。

以漫畫中的佑承為例，他這一天的情緒反應可以做成43頁的記錄，你也可以運用同樣的方法，記錄自己一天當中因各種事件所產生的情緒反應，這樣在下次發生類似的事件時，就能提前做好準備。

情緒日記記錄表

日期	2022 年 3 月 2 日						
時間	6：30	7：15	7：50	12：45	16：30	19：30	19：45
事件描述	熬夜沒睡飽，被媽媽叫起床	不想帶早餐，被媽媽教訓一頓	衝到教室前，被訓導主任叫住	同學帶最新的輕小說來借我	籃球屢投不進，還被蓋個大火鍋	妹妹想吃冰淇淋，一直在旁邊吵鬧	妹妹大哭，害我被媽媽罵
正負向	－	－	－	＋	－	－	－
強度	1	2	2	2	4	2	5

本日情緒走勢圖

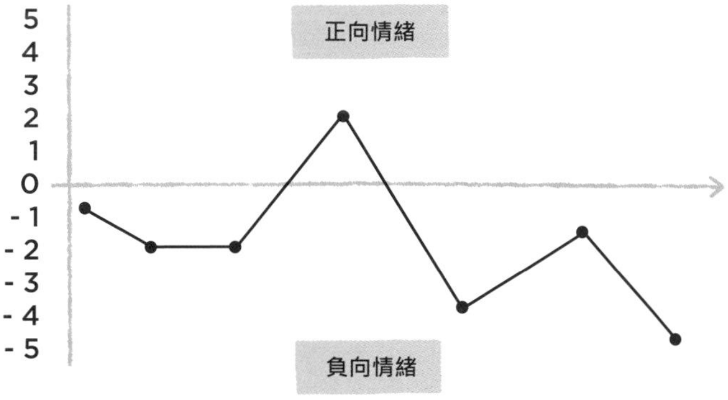

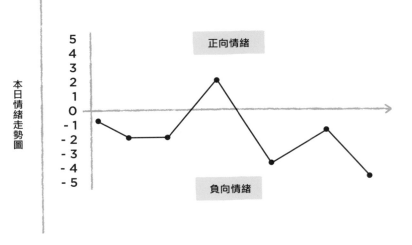

情緒日記記錄表

日期	年　月　日						
時間							
事件描述							
正負向							
強度							

本日情緒走勢圖

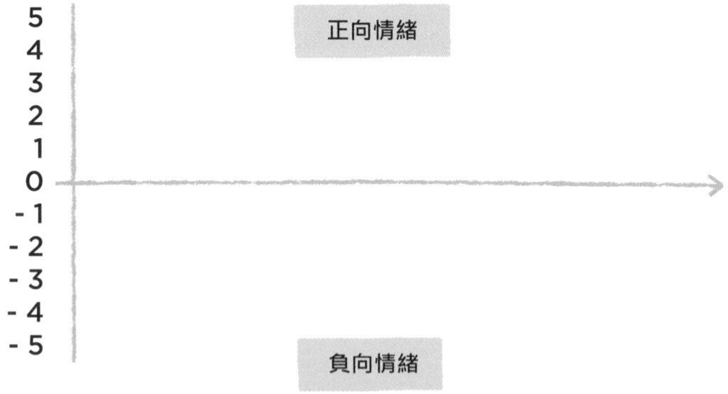

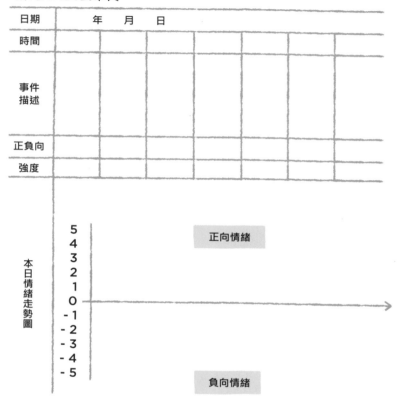

情緒日記記錄表

日期	年　月　日						
時間							
事件描述							
正負向							
強度							

本日情緒走勢圖

正向情緒

5
4
3
2
1
0
-1
-2
-3
-4
-5

負向情緒

把這兩頁的空白情緒日記影印下來，做成情緒日記簿，用它記錄一週的心情，同時觀察事件和情緒的關係。看看自己是正面情緒多、還是負面情緒多！

- 生活中的每一件事都會引發正向或負向的情緒反應。
- 正向或負向的情緒都會累積，不過也會互相抵銷。所以好情緒可以舒緩壞情緒帶來的影響。
- 生氣是我們在達到目標的過程中，遇到障礙引發的情緒反應。生氣沒有不對，重要的是找出引發憤怒的原因，好好的處理它。
- 情緒是有能量的。如果沒有及時覺察、適度宣洩，就有可能波及無辜。譬如將憤怒發洩在不相干的對象或事情上，就是遷怒。

延展練習

1

練習靜坐、冥想：找個安靜的地方坐下來，閉上眼睛、深呼吸，給自己一段安靜的時間，提升自己的覺察能力。

2

初級班：把注意力集中在外在環境，感覺周圍環境的變化。

3

進階班：把注意力集中在內在環境，感覺身體內部的變化。

4

高級班：發現自己有情緒時，把注意力集中在內在環境，感覺自己情緒的變化。

痛點 2

我常覺得心情不好，卻說不出到底怎麼了……

常常搞不懂自己是憤怒、失望，還是委屈，複雜的心情該如何表達呢？

下課休息時間
咦，依潔怎麼了？
最近爸和媽常常吵架。
他們會不會離婚？
拍
依潔，還好吧？你看起來氣色很差耶。
還好，我只是昨晚沒睡好。
……

下午地理課
這次地理作業要做田野調查，請大家自己分組，一組三或四個人都可以。
曉琪，我們一組吧。
偉德竟然邀曉琪一組！他是不是……
喜歡曉琪！
依潔，你也跟我們一組吧。
嗯，好。

1年5班
以上就是本週的作業，下週一統一交給班長。
作業也太多了吧！
就是啊。要打籃球決賽了，哪有時間寫作業啊。
振筆疾書
作業真的好多。
鋼琴檢定也快到了，
我上次沒考過，這次一定要全力以赴！
可是事情這麼多，時間根本不夠用啊……
唉……

中學
放學路上
那部電影真的好好笑喔！
哈哈
嘻嘻
唉！
二十次！
?
依潔，你怎麼了？光是放學到現在，你已經嘆氣二十次了耶！
握！
我也不知道，心情就是好不起來。

你會「情緒詞窮」嗎？

你可能也曾經有過跟依潔類似的感覺：「心裡悶悶的，可是說不上來哪裡不對勁……」、「我也不知道該怎麼說，但就是覺得心情不太好……」有想過為什麼會這樣嗎？

先來做個小測試。準備一支筆，試著在下頁的空白方格裡寫下表示情緒的詞彙；或者和同學一起，幾個人輪流寫，別人寫過的不可以重複，看看誰能撐到最後。先寫正向的，再寫負向的。

是不是發現自己很快就「詞窮」了？

不是你的文學素養不好，而是一般人很少學習正確辨別、恰當表達自己的情緒。

我的情緒詞彙清單

正向情緒：

負向情緒：

你了解自己的情緒嗎？

暗戀的人沒理會你、被好朋友放鴿子、忘了帶熬夜完工的報告、特別用功卻考得不理想……每個人在面對不同的事情和狀況時，本來就會產生不同的情緒反應，可是從小到大，我們學到的往往是要忍耐、壓抑自己的情緒，比如「不要哭」、「不可以隨便發脾氣」、「不要得意忘形」……很少有人教我們該怎麼正確辨別、好好表達情緒。

另一方面，我們也很少以正確的詞彙描述心裡的感覺，以至於許多人不知道該怎麼形容自己的情緒。比方說，被好友虧了，覺得很「不爽」，可是這種不爽的感覺是「憤怒」，還是「難過」、「委屈」，甚至是「尷尬」呢？

長久下來，我們習慣將不同的情緒混為一談，最常見的就是像依潔一樣，只知道自己「心情不好」，卻無法明確說出真實的情緒感受。

認識六種基本情緒

人類生活中常見的基本情緒大約有六種，每一種情緒都來自特定的事件情境，也會引發我們做出特定的行為反應。

不過在日常生活中，一件事往往不會只有一種情緒，隨著年齡成長，情緒的複雜度也會增加，比方說，告白失敗可能就混雜了「驚訝」、「悲傷」和「憤怒」。情緒也會隨著時間變化，例如考試考不

常見六大基本情緒

事件情境	基本情緒	行為反應
對某件事、某個情境感到「滿意」	快樂	親近
「失去」喜歡的人、事、物，或期望落空	悲傷	退縮
遇到「威脅」或預期會有危險發生	恐懼	逃離
遇到「阻礙」，無法達到目的	憤怒	攻擊
出現「意外」的事件或情境	驚訝	注意
碰到「討厭」的人、事、物	厭惡	拒絕

好，公布成績時覺得「丟臉」，看到考卷會「難過」或「生氣」，想到回家後會被父母罵又增加了一點「害怕」的心情。

學會辨別情緒，才能對症下藥、解決問題

高EQ不表示沒情緒，或是要隨時隨地保持正向情緒，而是能夠正確辨別自己的情緒，並恰當的表達出來。學會正確辨別自己的情緒，就可以往前推敲情緒背後真正的原因，也才能對症下藥、解決問題，讓情緒獲得真正的紓解。懂得恰當表達自己的情緒，別人就不會踩到你的地雷，人際關係自然可以更和諧、更穩固。

CHECK 你能精準辨別自己的情緒嗎？

情緒沒有對錯，只是每個人對於事件的反應都不一樣。試著從對下方事件的反應，思考我們真正的情緒究竟是什麼。

1. 新學期、新班級，第一次段考成績大退步，老師居然當眾公布成績。你的感覺是：

   A. 尷尬　B. 生氣　C. 後悔　D. 其他：______

2. 死黨好幾天沒找你說話了，剛剛看到他跟隔壁班的一位同學有說有笑，一副感情很好的樣子。你的感覺是：

   A. 生氣　B. 嫉妒　C. 驚訝　D. 其他：______

3. 努力許久的科展，如願得到優選，爸爸看到獎狀後淡淡的說了一聲：「嗯，還可以！」你的感覺是：

   A. 生氣　B. 鬱悶　C. 失望　D. 其他：______

4. 新出版的輕小說，才剛買就被同學借走，歸還時卻發現被翻得破破爛爛。你的感覺是：

   A. 懊惱　B. 生氣　C. 無奈　D. 其他：______

5. 死黨的生日趴，沒有邀請你參加。你的感覺是：

   A. 難過　B. 失望　C. 生氣　D. 其他：______

解析　如果五題的答案都不一樣，表示你辨別情緒的功力相當好；如果你幾乎都是選「生氣」，那可就得努力提升功力囉！

二方法，學會表達情緒

當我們不懂得辨認自己的情緒時，遇到不順心的事情，就只能用生氣或是悶悶不樂來表達，久而久之，自己和身邊的人都會被你的低氣壓影響，想要適當的表達情緒，有以下兩大妙招：

1 補充情緒詞彙

表達情緒的詞彙越豐富，就越容易掌握各種細微的情緒。下頁的表格中記錄了日常生活中常見的情緒描述，當情緒來臨時，試著圈選出最接近真實感受的詞彙。這個練習可以幫助你正確辨別自己的情緒感受，表達情緒時比較不會有誤差。

正向情緒詞彙	負向情緒詞彙
快樂．高興．開心．愉快．喜悅．驚喜．興奮．振奮．刺激．激動．痛快．過癮．滿足．滿意．得意．驕傲．自豪．很棒．輕鬆．舒服．舒暢．舒坦．自由．自在．幸福．感動．被愛．甜蜜．溫暖．溫馨．放心．心安．平安．平靜．寧靜．安全	難過．悲哀．傷心．哀傷．心痛．心碎．生氣．憤怒．氣憤．嫉妒．煩躁．急躁．緊張．著急．焦慮．憂慮．憂鬱．憂愁．苦惱．鬱悶．痛苦．苦悶．寂寞．孤單．擔心．掛心．害怕．恐怖．驚惶．驚恐．委屈．冤枉．後悔．悔恨．懊惱．懊悔．討厭．厭惡．厭煩．不爽．憎恨．怨恨．害羞．丟臉．慚愧．愧疚．羞愧．罪惡．失望．辛苦．挫折．絕望．麻木．沉重．洩氣．氣餒．沮喪．消沉．無奈．冷漠．疑惑．困惑．茫然．無助．矛盾．沉悶．尷尬．彆扭．無聊．虛空．可惜．拘束
✎我的補充：	✎我的補充：

表達負向情緒的詞彙越多元，你就不會一味的只是煩躁、生氣；表達正向情緒詞彙越豐富，你就越能發現生活中的樂趣，也比較不會無聊喔！

2 正確表達情緒

除了懂得辨別正確的情緒感受，還要練習適當的表達。能夠讓別人了解你的情緒，才是真正的情緒達人。依照以下四個步驟反覆練習，就會越來越善於表達。

Step1 **判斷情緒**：從事件情境、自己的行為反應，判斷真正的情緒感受。

Step2 **選擇時機**：選擇恰當的表達時機。

Step3 **描述事件**：將事件整理成一段清楚具體的描述。

Step4 **表達「我」的感受**：以「我」為主體，表達自己的感受。

以漫畫中依潔遇到的事情為例，她可以這樣跟曉琪表達她的感受：

Step1 判斷情緒

嫉妒

Step2 選擇時機

放學和小琪一起回家時

Step3 描述事件

地理課分組報告在找組員時，偉德先邀妳跟他同一組。

Step4 表達「我」的感受

你們兩個好像感情很好，我想自己是有一點嫉妒吧！

當依潔能夠坦然說出：「我有點嫉妒」時，不但能讓嫉妒情緒立刻降溫，也會讓曉琪比較能體諒她的低落情緒喔！

最近有什麼說不出口的情緒嗎？馬上試試看吧！

Step1 **判斷情緒** ⇦ **Step2** **選擇時機** ⇦ **Step3** **描述事件** ⇦ **Step4** **表達「我」的感受**

情緒達人絕對不會說的話──

- **別煩我：**自己也搞不清楚不高興的原因，一昧逃避，不想處理。
- **沒什麼**或**我沒事**：知道自己真正的情緒，但不願意承認。
- 表面不說，心裡 OS **看不出來我很生氣（難過、失望……）嗎：**能分辨情緒，卻不知道如何表達。
- **都是〇〇害我生氣（或難過）的：**把自己情緒的責任賴到別人身上。

- 情緒沒有對錯，只有表達方式恰當或不恰當。
- 表達情緒的詞彙不夠多，就容易將不同情緒混為一談。不同情緒來自不同情境，學習正確辨別，才能對症下藥、解決問題。
- 一個事件不只一種情緒，情緒會隨時間變化；年齡越大，情緒的複雜度也會增加。
- 高EQ不表示沒情緒，或是只能表現正向情緒。有豐富的情緒感受且能恰當的表達出來，才是真正的情緒達人。

延展練習

1

一個事件通常不會只有一種情緒，練習找出隱藏在主要情緒後面的第二、第三……情緒，鍛鍊辨別情緒功力。

2

從自己受到影響的程度，判斷情緒輕重以及發生的比例，練習畫出「情緒圓餅圖」。

痛點 3

我生氣時會忍不住發飆，事後再感到後悔。

我愛發脾氣就像顆情緒未爆彈，該如何控制情緒不暴走？

打掃時間
發呆
佑承，打球囉。
來了！
林佑承！
你的打掃用具還沒收！

我打完球回來就會收了。
你上次也是這樣說，結果根本沒有收，害全班被老師罵。
收個打掃用具要花多少時間？你為了省這幾秒鐘，害全班放學都被老師留下來！
自己的打掃用具自己負責，為什麼連最基本的事情都做不到……
砰！
你不要看我沒回嘴就越罵越開心，幫我收一下會死嗎？
愣住
抽泣
牀佑承你太過分了！做錯事還那麼大聲，把曉琪弄哭！
手足無措

收就收嘛，有什麼好哭的……
硬塞
倒
用力擠
掉
大力甩
林佑承。
甩門的力氣很大嘛！
啊，老師！
再加上把班長弄哭，罰你掃廁所一週。

放學途中
你要不要去跟曉琪道個歉啊？
……
呃，曉琪。
剛才的事情，對……對不起。
瞪
撇頭
唔……
唉，為什麼我老是控制不了自己的脾氣？

如果你是佑承，你會怎麼做？

你是不是也曾像佑承一樣，明明知道不該發飆，偏偏就是控制不了情緒，總是話一出口馬上就後悔了。「憤怒」是所有情緒中最容易失控的一種，而且後果通常比較嚴重，所以更要學會掌握憤怒情緒，避免失控所造成的損失和傷害！

大部分的人都以為，衝動就像「突然碰到迎面而來的汽車會馬上跳開」一樣，是無法控制的反射性動作，即使知道「應該」或「不應該」做什麼，也很難依照理智行動。「情緒」的確來得快，但並不是完全無法掌握，隨之而來的「反應行為」更是可以控制的，而且這兩項能力都可以透過訓練得到進步。

控制衝動是一種鍛鍊頭腦的體操

情緒為什麼不受控制？

大腦裡和情緒管理有關的部位主要有：杏仁核和大腦皮質。當事件發生時，相關訊息會被送到扮演收發室的視丘，之後再兵分二路。其中一條將訊息送到大腦皮質。大腦皮質又被叫做「理性中樞」，主要負責分析訊息，再由前額葉綜合所有訊息，做出精準判斷，下達行動命令，也就是經過理性調和的情緒反應。

不過，在這個「理性」運作的過程中，視丘也會同步把訊息發送到大腦的「情緒中樞」——杏仁核。杏仁核的角色比較像軍隊裡的前哨兵，不會多做判斷，直接就對外界訊息的威脅迅速反應。在演化過程中，這種迅速反應非常重要，因為大自然中存在著許多危急的狀況，「不經大腦思考」是一種保護機制，可以讓身體在受到傷害前先做出反應。這種直覺反應在現代社會也很常見。比方說，過馬路時察覺車子經過連忙後退，就是杏仁核這位不理性的前哨兵盡忠職守、護主有功。

這項機制對生存而言非常重要，但在日常生活中如果總是「不經大腦思考」，問題可就大了。像漫畫故事中，佑承回嗆曉琪的那一句話，就是負責理性的大腦皮質還來不及做出理性判斷，掌管情緒的杏仁核已經先衝出來的結果。

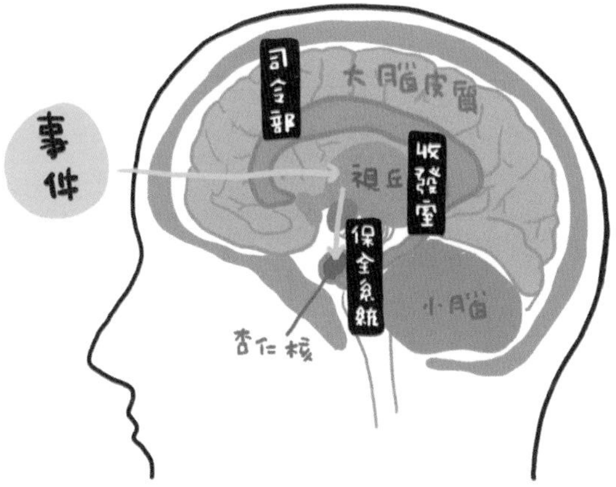

鍛鍊大腦迴路

至於你的情緒為什麼總是「忍不住」呢？主要是因為從視丘到杏仁核的道路比較短、訊息傳遞比較快速，但從視丘到大腦皮質的路徑比較長、比較費時，也就是說理性反應需要多一點的時間。所謂的「情緒管理」，就是在訓練保持視丘到大腦皮質的這條路線快速順暢，讓訓練有素的前額葉能更快速做出精確的理性判斷，在杏仁核全面啟動前，先下達命令要求衝動行事的杏仁核「慢點反應」，再透過各種調節情緒的方法來緩和情緒。

除了透過鍛鍊讓大腦皮質負責情緒管理的迴路順暢外，控制衝動訊息傳遞的速度也很重要。大腦中，包覆在「神經元」外的「髓鞘」，可以讓訊息傳遞得更快速。不過髓鞘並非與生俱有，而是逐漸生長出來的。

杏仁核是最早有髓鞘包覆的部位之一，所以人一出生就有情緒，完全不需要學習。小寶寶餓了會哭、開心會笑，都是情緒的直接表現。一歲多開始，大腦皮質的神經元才開始有髓鞘的包覆，前額葉是最後包覆的部位，一直到二十歲左右才會成熟。常有人說青春期比較容易情緒衝動，就是因為大腦還在施工中的緣故。

好消息是，許多研究都指出人類大腦有相當大的可塑性，前額葉也可以透過經常性的鍛鍊而加速成熟。只要勤於練習，負責控制衝動、管理情緒的網絡連結就會變得更穩固、更快速。所以練習控制情緒、鍛鍊自己的大腦迴路，是青春期非常重要的訓練。

CHECK

你能及時控制情緒衝動嗎？

會衝動很正常，但能控制才是王道。勾選一下，看看以下的描述，你符合幾項？

(　) 1. 我對於需要排隊、等候的事情很容易不耐煩。

(　) 2. 我說話常常不經大腦。

(　) 3. 我很容易插嘴，或是打斷別人說話。

(　) 4. 我會沒聽清楚問題就搶著回答。

(　) 5. 別人常說我很衝動。

(　) 6. 我做事不太考慮後果。

(　) 7. 我常常為自己說的話、做的事感到後悔。

(　) 8. 我不喜歡事先計畫，也很難依照進度完成工作。

解析 如果符合的項目有 4 ～ 8 個，就表示你不太會控制自己的情緒，請加強訓練大腦的理性迴路囉！

關鍵三秒＋五大祕訣，控制憤怒情緒

生活中難免碰到許多煩惱或不順心的事，當情緒來臨時，其實只要仰賴下面幾個方法，就能避免因為衝動亂發脾氣，或是和身邊的人發生衝突喔！

1 關鍵3秒

當刺激事件發生時，訊息會依以下路徑分別傳到大腦的部位，並針對事做出反應：

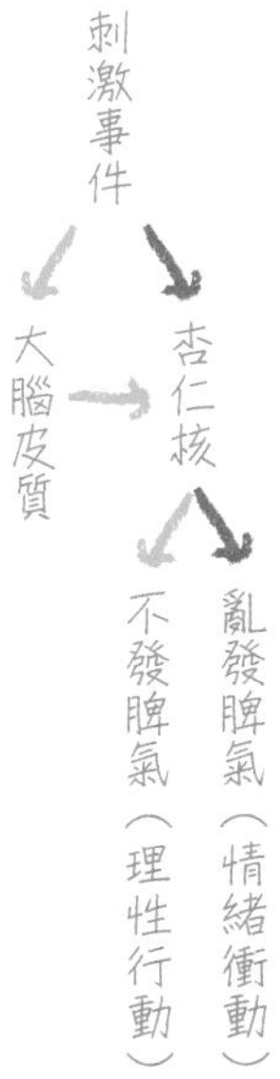

這時讓腦袋放空三秒，可以給大腦皮質下達指令的時間。不過如果刺激太大、情緒瀕臨爆炸，三秒一定不夠，就要看情況增加時間。心裡默念讀秒，從一數到十也是好方法唷！

2 五大祕訣

當你發現自己快要生氣了……

◆ **祕方一「暫停思考」**：腦袋放空，深呼吸，讓自己暫時脫離引起憤怒的情境。只要腦袋放空三秒，讓理性的大腦皮質有時間整合資訊，重新下達指令，就可以調節杏仁核的情緒衝動，控制憤怒情緒。

◆ **祕方二「專注轉移」**：把注意力轉移到別的事情上，比方說專心盯著桌上的水杯、看看窗外的景色有何變化，藉此幫助緩和憤怒的情緒。

◆**祕方三「默念咒語」**：也就是內在的自我暗示。在心中默念可以幫助情緒緩和的句子，例如「事情沒這麼嚴重」、「他不是有意的」；注意不要使用負面或帶有攻擊性的字眼。

糟糕，已經大發脾氣了……

◆**祕方四「離開現場」**：完全停止接觸，讓彼此冷靜下來。

◆**祕方五「預留補救措施」**：離開前記得加一句解釋，說明自己現在很生氣，所以要先離開，等氣消後再解決問題。

本章重點

大腦皮質負責理性解決問題、杏仁核負責快速處理生存危機，控制情緒就是訓練大腦迴路不要衝動，理性判斷後再行動。

大腦中負責理性判斷的部位，要到二十歲左右才會發展成熟，青春期是訓練大腦理性迴路的重要階段。

暫停思考、專注轉移、自我暗示，在發怒之前控制情緒。

就算不小心發脾氣，還是要回頭解決問題，才不會傷害人際關係。

延展練習

1

想一想，自己最容易在什麼情境下情緒失控？

2

針對自己的情況，量身訂做情緒控制咒語。

痛點 4

別人說我愛鑽牛角尖，可是我就是想不開。

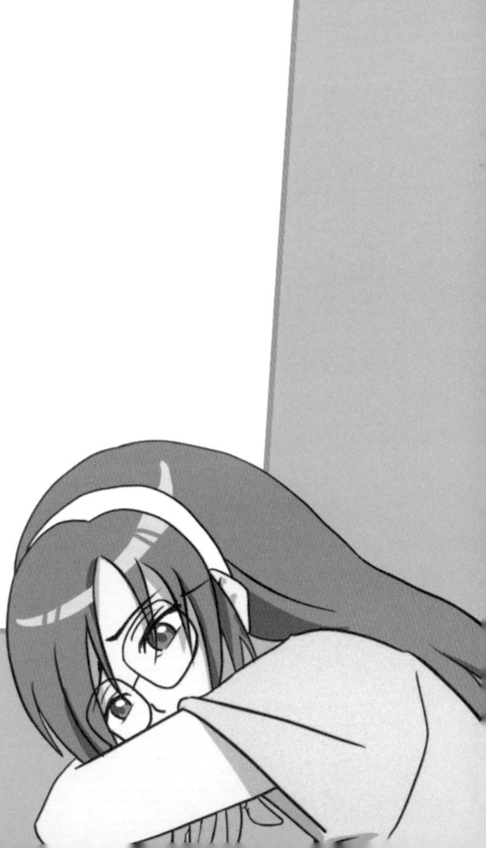

我遇到事情習慣往壞處想，會不會讓人因此覺得很難相處呢？

地理實察日
已經十點多了，怎麼還沒看到人？
依潔！
依潔，對不起！
原來他們是約好一起來的。
對不起，我遲到了！
氣喘吁吁
沒有讓你等太久吧？
……
嗯，我們走吧。

我們今天要採訪三間老店，有棉被店、糕餅店和米店，每間店都要採訪和拍照。
那我們來分配一下工作。
依潔拍照，曉琪負責採訪，這樣可以嗎？
那你要做什麼？
我可以負責觀察環境，也就是四處走走。
分明想偷懶
我沒意見，我負責拍照就好。
默……
呃，好吧！那就麻煩依潔拍照，我跟偉德負責採訪。

百年糕餅店
喀擦
喀擦
哇！
依潔，快來看！這好好玩喔！
棉被老店
這全都是手工製作的，現在會這種技術的店家很少了。
喀擦
今天這樣差不多了。要不要去吃個冰，順便討論一下，這樣晚上就可以開始整理報告了。
不用了！我想專心拍照。
好啊，我要吃！
我要上鋼琴課，你們去吃吧！
啊！
你們自己去相親相愛好了，誰要跟你們一起討論啊！

振動
曉琪
振動
喂。
依潔，你今天是怎麼了，感覺悶悶不樂的，你是我最好的朋友，有事情可以跟我說啊。
最好的朋友。那你為什麼私底下跟偉德約好一起來。
我沒有跟他約好啊。
我擔心自己遲到跑去廟口，跑到一半才發現他跑在我後面。你想太多了啦！
羞
原來你對偉德有意思，下次再找機會撮合你們吧！
我為什麼這麼愛胡思亂想……
我要好好振作，來整理今天拍的照片吧！
怎麼全都是偉德和曉琪的合照！
啊啊啊

如果你是依潔，你會怎麼做？

漫畫中的依潔，誤以為曉琪和偉德私下有約，地理實察的過程中一直悶悶不樂，直到後來才知道原來是一場誤會，平白生了許多悶氣。

你會像依潔一樣愛鑽牛角尖，不管什麼事總是不自覺看到「陰暗面」嗎？或者你是個陽光少年，甚至常被朋友批評神經太大條？你的情緒總是很極端，不是很高興、就是沮喪失落；還是堅守平和路線，一般人不太容易看出你的情緒？

你知道嗎？會有這樣迥然不同的反應，跟每個人的「天生氣質」有關。

你了解自己的天生氣質嗎？

1960年代，心理學家湯瑪斯和卻斯（Thomas & Chess）發現，出生不久，還沒受到什麼教育和教養的小嬰兒，就已經有某些與生俱來的「行為模式」。經過研究，他們提出了「天生氣質」的理論，歸納出九種氣質向度。這些基本的行為模式包括：

- 活動量
- 規律性
- 情緒本質
- 反應閾
- 反應強度
- 趨避性
- 適應性
- 堅持度
- 注意力分散度

這些天生氣質也會也會影響我們的情緒反應，主要分為六個部分：

- **情緒本質**：有些人對開心的事情比較有感，有些人容易看到令人不開心的一面；有些人每天都高高興興，有些人老是苦著一張臉。
- **情緒強度**：有些人的情緒表現比較溫和，不管是生氣、難過，甚至高興看起來都很平淡；有的人正好相反，大哭、大笑、生氣，屬於情緒激動派。
- **情緒持續度**：有些人情緒來得快，去得也快；有些人卻很容易陷在情緒裡，比較難轉移。
- **情緒頻率**：有些人笑點、哭點都很低，一點點小事就會引發情緒；有些人反應門檻比較高，要比較大的刺激才會有感覺。
- **情緒複雜度**：有些人的情緒表現比較單純易懂；有些人則會同

時混雜好幾種不同的情緒，讓人摸不清頭緒。

◆ **情緒爆發度**：每個人情緒引發的速度不同。事件發生時，有些人會立刻反應，有些人則是過一段時間才會表現出來。

只要懂得調節，情緒特質沒有好壞

天生的情緒特質沒有好或不好。以情緒本質中，容易有負向情緒，以及情緒強度較為激烈的兩種人為例：

情緒本質（負向）
- 優 **容易發現問題、較具批判能力**
- 缺 **不容易感到快樂**

情緒強度（激烈）
- 優 **有活力、直來直往、相處起來沒負擔**
- 缺 **容易與人起衝突**

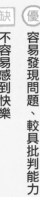

重要的是，當你知道人的情緒會受到天生氣質影響，同一件事每個人的情緒反應都不一樣，就能對像依潔這樣的朋友產生同理心。他們並不難相處，之所以總是回答「不好」、「不要」、「不喜歡」，並不是存心作對，只是情緒本質比較負向罷了。

你也可以藉此了解自己的情緒特質，學會自我調節，才不會長時間沉浸在負面情緒中，變得過度悲觀；或是壓抑太久，最後大爆發變成情緒災民。

CHECK

你知道自己的情緒特質嗎？

下面是針對「情緒本質」、「情緒強度」和「情緒持續度」的簡易自評表，你也可以透過這些表格試著在生活中觀察一下自己的「情緒頻率」、「情緒複雜度」、「情緒爆發度」。

情緒本質

	情緒描述	選項				
		總是如此	經常如此	普通	不常如此	從不如此
1	我大部分的時候都覺得開心。					
2	事情進行得不順利時，我通常不會抱怨。					
3	我很喜歡和大家一起活動。					
4	每天回到家，我說的多半是開心的事。					
5	遊戲輸了我不會懊惱。					
6	我不常和朋友有口角或起衝突。					
7	電動打到一半被中斷時，我不會生氣。					
8	我對於去學校充滿期待。					
	合計選項題數					
	各選項得分	5	4	3	2	1
	總分					分

解析
30 ～ 40 分：情緒本質偏正向
19 ～ 29 分：情緒本質中庸
8 ～ 18 分：情緒本質偏負向

情緒強度

	情緒描述	選項				
		總是如此	經常如此	普通	不常如此	從不如此
1	事情進行得不順利時，我會摔東西或大吼大叫。					
2	心愛的東西被破壞時，我會非常生氣。					
3	玩得正開心卻被要求停止時，我會強烈反彈。					
4	朋友常說我愛惡分明。					
5	被拒絕時，我會非常沮喪。					
6	被要求做不喜歡的事時，我會強烈抗議。					
7	被責罵時，我會大聲反駁。					
8	無論好事壞事，我的情緒反應都很強烈。					
	合計選項題數					
	各選項得分	5	4	3	2	1
	總分					分

解析
30 ～ 40 分：情緒強度偏強
19 ～ 29 分：情緒強度中庸
8 ～ 18 分：情緒強度偏弱

情緒持續度

	情緒描述	選項				
		總是如此	經常如此	普通	不常如此	從不如此
1	心情低落時，別人怎麼逗我都很難讓我心情變好。					
2	沒買到想買的東西，我會懊惱很久。					
3	做我喜歡的事情時，別人說什麼我多半沒聽到。					
4	我生氣總是會氣很久。					
5	煩惱時，別人的安慰通常對我沒效。					
6	對於不喜歡的事情，別人怎麼勸我也不會接受。					
7	一旦開始做一件事情，我就很難停下來。					
8	難過時，就算去做別的事情，我也無法變開心					
	合計選項題數					
	各選項得分	5	4	3	2	1
	總分					分

解析
30 ～ 40 分：情緒持續度偏長
19 ～ 29 分：情緒持續度中庸
8 ～ 18 分：情緒持續度偏短

三不二能，調節情緒好方法

情緒不好的時候，你也許會大哭一場、也許會找死黨談談；或者，你會去跑跑操場、高歌一曲，甚至是在網路上開罵或打枕頭出氣，這些方法有用嗎？是好方法嗎？研究發現，真正能夠幫助我們調節情緒，讓我們心情變好的，必須符合以下五個重要原則：

- ☑ **不**會傷害自己，也不會傷害別人。
- ☑ **不**會破壞物品。
- ☑ **不**會傷害人際關係。
- ☑ **能**夠讓情緒變得比較好，而且持續一段時間。
- ☑ **能**夠讓自己在下次碰到同樣的情況時，有比較好的解決方法。

情緒調節百寶箱

當碰到情緒困擾時，記得先想想這五大原則再採取行動，而根據這五大原則，每個人可以依照自己的喜好，找到紓解情緒的好方法製作屬於自己的情緒調節百寶箱。

◆ **音樂**：旋律輕柔的古典樂可以幫助平緩情緒，或從流行歌曲的歌詞中尋找慰藉。

◆ **運動**：打球、跑步、游泳、騎腳踏車。

◆ **散步**：走路、逛街，發洩一下情緒。

◆ **寫日記**：記錄並且整理自己的思緒，換個角度看清事情的前因後果。

◆ **找父母**、**老師或朋友聊天**：利用聊天抒發情緒，同時尋求資源。

其他還有……

1.放鬆身體有助平緩情緒。

2.告訴自己很多事可以「一笑置之」。

3.調整心態，學會從不愉快的事情中，找到值得快樂之處。

- 情緒的本質、強度、持續度，以及頻率、複雜度和爆發度，一部分與生俱來，一部分可靠後天調整。
- 有些人比較容易鑽牛角尖，這跟天生氣質有關。
- 愛鑽牛角尖也有好處，比如比較容易發現問題、比較具有批判能力，不過仍要適時調節，否則過多負面情緒容易影響人際關係。
- 小情緒要隨時調節，累積過多會造成情緒災害。

延展練習

1

留意什麼樣的音樂最能讓自己放鬆，在電腦或手機裡建立自己的「情緒音樂」資料夾。

2

觀察有沒有哪些音樂對於某種情緒特別有效？比方說，焦慮時喜歡聽流水聲、失戀時最容易在情歌中得到共鳴等，為不同情緒設計專屬曲目。

痛點 5

我一碰到困難就想逃避，或是直接放棄……

失敗的經驗讓人好挫折，我應該遇到困難就放棄嗎？

生物教室裡……
很酷吧！這是我用行車記錄器改裝的顯微鏡，連花瓣細胞都看得很清楚。
佑承，我之前在網路上看過，也可以用iPhone 改裝顯微鏡耶。
!
哇，真的嗎？我想試試看。
我請我爸買材料，等組好後再帶來借你們玩！
好啊！
我也想要做做看，你可以把那個網頁傳給我嗎？

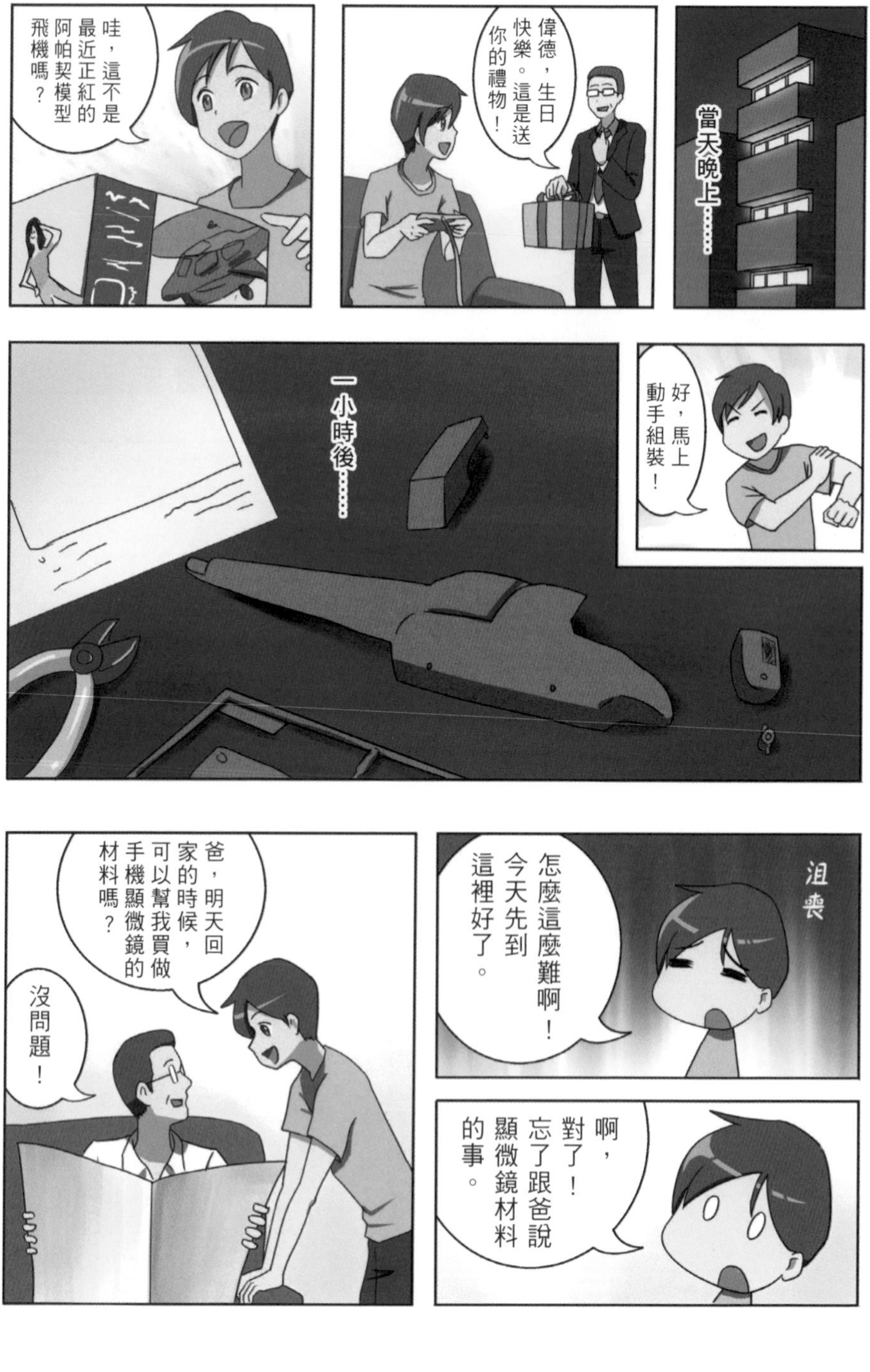
當天晚上……
偉德，生日快樂。這是送你的禮物！
哇，這不是最近正紅的阿帕契模型飛機嗎？
好，馬上動手組裝！
一小時後……
沮喪
怎麼這麼難啊！今天先到這裡好了。
啊，對了！忘了跟爸說顯微鏡材料的事。
爸，明天回家的時候，可以幫我買做手機顯微鏡的材料嗎？
沒問題！

隔天晚上
好，這次一定要改造成功！
三小時後
一片模糊……
奇怪，明明都有照著步驟做啊，為什麼還是無法對焦？
這對我來說還是太難了，先放棄吧……
隔天到了學校
偉德，你把手機顯微鏡做好了嗎？
那對我們國中生來說太難了啦。我做半天都無法對焦，後來我就放棄了。

是喔。
我看了教學影片覺得很有趣，於是買了材料做做看，結果成功了耶！
清晰
林佑承，你好強喔！我還以為你只會打籃球和欺負女生。
刮目相看
不好意思
沒有啦，我是照偉德傳給我的網頁上做的，而且還試了一整個晚上。
啊，不對！你後面幾句根本是在損我嘛！
我說的是事實啊！
哇！
唉！
我果然沒有動手做的天分啊！

你是個容易放棄的人嗎？

你是不是像漫畫中的偉德一樣，覺得自己沒天分，或是一遇到難題就想退縮？還是像佑承一樣，對新事物和挑戰躍躍欲試，喜歡嘗試高難度的目標，即使遭遇挫折也不輕易放棄？

回想看看，你常被別人貼上「抗壓性低」、「容易放棄」的標籤嗎？老師指派給你一個難度超高的專題報告，你先想到的是「挫折」還是「挑戰」？

為什麼從小老師父母總是鼓勵我們不要放棄、再試一次？

你有沒有想過「越挫越勇」究竟是好，還是不好？

為什麼我容易感覺挫折？

我們通常會在什麼時候感覺到挫折？告白失敗？考試成績不理想？覺得自己長得不夠漂亮或不夠帥？還是好朋友突然不理自己了？挫折可以分為幾種不同的類型：

◆ **自信**：覺得自己比不上別人，比方說覺得自己能力不夠、擔心自己性格不好。

◆ **成就**：沒達到目標或過程中遭遇失敗，比方說沒有考上理想的學校、學習上遇到困難。

◆**人際**：與人相處有障礙，比方說人緣不好、被排擠，或是和同學朋友發生衝突。

「打不死的蟑螂」其實有正面意義

挫折會讓情緒受到影響；總是遭遇失敗，一試再試都不成功，有時候也會讓我們開始懷疑自己的能力，變得更沒自信。可是從小父母師長總是告訴我們「不要輕言放棄」、「堅持到最後一定會成功」，放棄往往會被別人說是挫折容忍度不夠。難道真的要越挫越勇、努力當一隻打不死的蟑螂嗎？

其實重點在於，如果這隻「打不死的蟑螂」嘗試過各種可能性，無形中會增加很多學習、發現自己潛能的機會，也比較知道如何適應環境，往後遇到更嚴峻的考驗才能過關，也比較容易成功。

相反的，太快放棄的人常常會不知道自己的極限在哪裡，不容易進步。而且，太快放棄的人往往會覺得自己是失敗者，自我評價低，下次遇到困難就會更快放棄……一次次下來陷入惡性循環，越來越否定自己的能力。

挫折復原力＝合理的目標＋足夠的失敗

有時候，我們不是「不想」放棄，而是「不敢」放棄。比方說，已經努力很久的比賽，放棄可能會辜負別人的期待；考試如果不把目標定在一百分，會讓父母師長失望；或是我們都希望努力變成同學朋友喜歡的樣子。可是，不符合自己能力個性的目標往往會造成過度壓力，也比較容易失敗，有時候反而帶來更大、更難復原的挫折感。

挫折是了解自我最好的鏡子。同一件事，試了幾百次都不成功，如果是自己興趣、能力所在，就要堅持下去，回頭檢視是哪個細節出了問題。如果發現剛好是自己的弱點，就要重新思考判斷，再次審慎選擇。

所以，人絕對不能放棄自己，但要學習放下。因為怕困難、不想努力、不喜歡挫敗感而決定不面對、不接受挑戰，叫做「放棄」；如果經過理性思考，評估自己的個性能力後，決定轉換跑道、調整目標，那就叫做「放下」。至於「什麼時候」該放下，可以從下面兩點判斷：

◆ **目標是否合理**：遇到挫折後，先重新檢視原本設定的目標是否合理、有沒有超過自己的能力範圍太多。如果只差一點點就能成功，一定要激勵自己「再試一下」。

◆ **失敗是否足夠**：「足夠的失敗」次數要看事情狀況而定，重點是有沒有辦法從中找出失敗的原因。如果問題出在自己，該怎麼調整；如果是大環境的問題，可不可以改變、要不要堅持下去？

有人說：即使跌倒也要抓一把泥土再爬起來，意思就是說要讓每一次的挫折產生意義。能在過程中累積克服挫折的經驗，這有助於增強正向情緒，幫助自己面對挑戰時更有自信。

CHECK 你的耐挫指數有多高？

你有成為「打不死的蟑螂」的潛力嗎？看看下面的情況，你符合幾項？

（　）1. 我喜歡難度較高的遊戲或玩具。

（　）2. 我有從失敗中重新站起來的經驗。

（　）3. 對於不懂的問題，我會盡力尋找答案。

（　）4. 我能用幽默化解失敗或尷尬。

（　）5. 即使失敗過好幾次，我也願意再次嘗試。

（　）6. 我認為問題不會只有一個答案。

（　）7. 挫折往往反而讓我更進步。

（　）8. 越有挑戰的比賽，我越想要去嘗試。

（　）9. 碰到問題時，我會思考怎麼解決比較好。

（　）10. 只要下定決心，我都能達到目標。

（　）11. 遇到挫折時，我會告訴自己「這不是最壞的情況」。

（　）12. 和別人有爭執時，我會努力想辦法解決。

解析 10-12 項：你的挫折復原力很高，是耐挫高手；7-9 項，還有努力空間，但也很值得嘉許囉；4-6 項，挫折復原力還有點不足，請再接再厲；0-3 項，回想一下，自己是不是很容易放棄？請多多加油囉！

四象限，提高挫折復原力

造成自己一遇到困難，就容易心生放棄的原因有很多，有可能是本身的個性使然，也有可能是因為你從一開始，就訂立了過高的目標。下次遇到新的挑戰時，不妨利用以下四個象限，來訓練自己面對挫折的復原力。

STEP3 檢視挫敗經驗	STEP1 訂定合理目標
STEP4 尋找支援隊友	STEP2 做好心理準備

STEP 1：訂定合理目標

檢視過去表現，找出自己的能力範圍，訂定比過去成就平均值稍高的目標。比方說，你的國文成績每次都落在80分上下，就可以試著以85分為目標努力看看。同時也分析自己總是80分的原因。是粗心？還是某個觀念無法理解，或是遇到某一種題型就沒輒？找出可能的問題點，為達到目標作準備。

STEP 2：做好心理準備

即使做好萬全準備，還是無法避免意外。先替自己打預防針，以免沒達到目標過度失落。

STEP 3：檢視挫敗經驗

若目標合理，但最後結果仍有段差距，就得回頭檢視失敗的原因，並做為下次設定目標參考。

STEP 4：尋找支援隊友

事先培養自己的後援啦啦隊，父母、老師、兄弟姊妹，或同學死黨都行。達到目標後請他們給你一個讚；若是失敗，也可以幫助紓解情緒。

要提升挫折復原力，這四個象限中的每個步驟都很重要，在訓練自己的過程中，不妨回頭檢視看看自己是否都有做到喔！

本章重點

挫折復原力低是因為沒有經歷夠多的失敗和評估目標是否合理。

「越挫越勇」不是必須，重點是訂定能力範圍內的合理目標。

挫折復原力低，容易陷入輕易放棄、自我評價更低的惡性循環。

創造成功的經驗，才能評估自己能力範圍，訂立合理目標。

延展練習

1

創造自己的成功經驗。挑一件自己擅長的事，設定目標去行動。

2

反覆練習，把自己能力所能及的程度做到精熟。

3

將練習成果累積為成功經驗，增加信心；也藉由反覆的練習檢討，更加了解自己的能力。

痛點 6

同學用的東西都很炫，讓我覺得自己很遜。

想買的東西好多，為什麼
欲望沒有滿足的一天呢？

這不是iPad嗎？在不收拾打掃用具之後，現在還帶違禁品來學校。
不愧是壞學生
才不是咧。我有跟老師報備過，這是生物課報告時要用的啦。
不准叫我壞學生
生物課
人面蟹的生態
目瞪口呆
下課後
剛才報告好酷！
借我玩！
佑承有自己的iPad耶，真羨慕他！

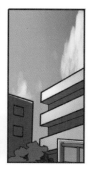

晚上鋼琴課
三葉蟲音樂
小麗。
啊，是依潔。
你看，這是我的新手機。
只要下載這個APP，
就可以在手機上彈吉他和鋼琴喔。
哇，這手機很貴吧！
是啊，這是爸爸送我的生日禮物。
好好喔！

呼，終於下課了。
打給媽媽
請她來接我吧。
媽，可以來接我了。
全新
舊
真想換新手機……

手機就是拿來打電話的，買智慧型手機幹嘛？還不是拿來上網和打電動，弄丟又心疼……
唉～
依潔，你也在等家人來接嗎？
你看，我還有其他新玩具喔。
翻找
觸控手套
這種手套指尖有層特殊材質，不用脫下來就可以滑手機喔。
哇！
小麗什麼都有，簡直是人生勝利組，反觀我……
我好想跟小麗交換啊！

你能不能分辨「需要」和「想要」？

「為什麼隔壁的小文過年可以去日本玩，我也想出國！」

「表哥剛換的新手機真的好炫！要是我也有一支就好了……」

你是不是像漫畫中的依潔一樣，每次看到同學拿出新玩意兒，心裡既羨慕又嫉妒，甚至心中興起自己不如人的念頭。這種「想要」情緒可大可小，有時候稍微換個念頭就好了，有時候會掛在心上好幾天，最後甚至變成「非要不可」的強烈欲望。

可是，你真的很「需要」嗎？還是因為羨慕才產生「想要」的虛榮心？「想要」跟「需要」該怎麼區分？每個家庭的經濟能力不同，每個人的價值觀也不一樣，就算是需要，也有輕重緩急的差別，該怎麼取捨呢？

忍一下，未來可以獲得更多

美國史丹佛大學進行過一個很有趣的心理學實驗。心理學家請一群四歲的小朋友到實驗室裡，發給每人一顆棉花糖。接著告訴小朋友，自己現在要出去十五分鐘，小朋友可以馬上把棉花糖吃掉，但如果等心理學家回來小朋友還沒吃掉，就可以再得到一顆棉花糖。

你覺得四歲的小朋友會有什麼反應？心理學家觀察到，大部分的小朋友會馬上把棉花糖吃掉，沒辦法等待和忍耐，可是大約有三分之一的小朋友選擇「等一下再吃」。他們持續追蹤這批小孩子長大後的生活，發現可以「等一下再吃」的小朋友，在青春期的時候，學業、社會能力都比同年齡的孩子好，比較有能力忍受挫折、抗拒誘惑，做事比較專注，通常也比較有自信、眼光比較遠，比較能夠用成熟的方式面對壓力。

這就是很有名的「棉花糖實驗」，這種「等一下再吃」的行為，心理學家也給了它一個名詞，叫做「延宕滿足」。

「延宕滿足」是指為了達成特定目標，願意克制衝動，放棄當下立即的滿足，以換取未來更大的滿足。

至於這些懂得「延宕滿足」的小朋友是天生不喜歡吃糖嗎？並不是。其實他們是懂得利用一些策略調節心情，減緩自己不能立刻吃掉棉花糖的焦慮。比方說有的小朋友會利用轉身、遮住眼睛，讓自己不要看到「誘惑物」；有的會小聲唱歌，或故意做些別的事，分散自己的注意力，來抗拒棉花糖的誘惑。

從這個實驗，我們知道欲望是可以控制的，控制欲望其實是訓練自己面對「物質挫折」，而越有自制力、越能控制欲望的人，也越能控制自己的注意力和意志力，有助於在其他事情上更容易達到目標。

CHECK

你能控制物欲嗎？

你能分辨自己是需要，還是想要？是衝動消費，還是理性購買？你的物欲太多了嗎？

1. 買東西時，你很少考慮有多少零用錢？□是　□不是
2. 心情不好時，你會特別想要買東西？　□是　□不是
3. 買東西前不會想好要買什麼？□是　□不是
4. 你不喜歡很多人都有某樣東西，自己卻沒有的感覺？
   □是　□不是
5. 只要是偶像代言或集點商品，你就會很想要？
   □是　□不是
6. 你常常在腦中盤算著要買什麼？　□是　□不是
7. 逛街血拼是你日常生活最重要的休閒娛樂？
   □是　□不是
8. 你有時會買下不需要的東西？　□是　□不是
9. 你常常因為花錢買東西，而被家人責罵？
   □是　□不是
10. 只要決定要買某樣東西，你通常會馬上行動？
    □是　□不是

解析　你勾選了幾個是呢？

7-10 個以上，哇！你的衝動消費已經達到「重量級」。過多物欲會造成身心負擔，要量入為出，克制衝動啊！

3-4 個，你屬於「中量級」衝動消費，請開始注意自己的購物行為，可以從訂定購物計畫開始喔。

0-2 個，恭喜！你的衝動消費還在「輕量級」，物欲也很適中，請繼續保持下去喔！

三階段，訓練延宕滿足能力

你是不是像漫畫中的依潔，老是羨慕同學朋友擁有最新奇的產品？或是明明才剛拿到零用錢沒兩天就花個精光？如果你也有類似的症狀，那麼你需要以下三個階段的訓練，提升自己的延宕滿足能力。

1 第一階段：「想要」當下↓轉移焦點

在欲望最強烈的時候，設法做些別的事，轉移注意力。比方說，和朋友聊聊喜歡的小說或電影，不要繼續跟欲望有關的話題；或是相約去打場球，用其他方式讓自己有所抒發。

這些行動可以幫助自己撐過情緒衝動的瞬間，確認是否真的「需要」這件東西，或者只是一時「想要」。

2 **第二階段：經過一段時間，「想要」的欲望仍未消失→等一下、再等一下**

欲望情境消失後，如果發現自己還是有想要的情緒，可以利用一些生活上的事件，延長自己等待的時間。比如可以跟自己說，這星期比較沒空，下星期再看看吧；或是提醒自己，才剛買了另一樣東西，這個可以先稍等一下。

如果發現等一個星期不算困難，就訓練自己等兩個星期、一個月，逐步拉長等待時間，訓練自己克制欲望的意志力。

3 **第三階段：確定自己真的「想要」→設定達成目標**

如果經過一段時間，想要的感覺仍然沒有消失，可以試著跟父母溝通，在討論、說服別人的過程中，進一步確認自己真正的心意。

一旦確定需要購買，下一步就是依據目標的大小跟困難度，評估自己的能力，設定階段性目標，比方說每月固定存下百分之十的零用錢當作購買基金，在滿足欲望的同時，也增強自己按部就班達成目標的能力。

遇到想買的東西，先區分自己是需要，還是想要。

研究發現，能夠延宕滿足的人，未來成就比較好。

拉長等待的時間，確定自己是不是真的想要；確定想要，就要訂定能達成的階段性目標。

延展練習

1

回想一下，最近生活中有沒有什麼想要的東西？拿出紙筆寫下來。

2

試著回答下面三個問題，只要其中一個問題回答「不是」，就要打消念頭。

1、這是必需品嗎？

2、不買會怎樣嗎？

3、有多餘的錢買嗎？

3

替想要的東西，設定達成目標的時間與辦法。

痛點 7

學校課業重，朋友難相處……煩惱好多啊！

考試、補習，外加人際關係，壓力大到喘不過氣時該怎麼辦呢？

1年5班
暑假就快到了
班上的同學都很興奮。
除了陽光美少女曉琪班長。
吱吱吱
天氣一熱，蟬叫得好大聲啊。呵呵！
曉琪！
曉琪！你怎麼了？振作一點啊！
沒有啦。就快要段考啦，上次不小心退步，最近被媽媽盯得很緊。

而且你是不是還要參加演講比賽？
對耶，這個好像更嚴重，呵呵呵。
雖然我知道你很累，但我還是要提醒你一下，今天放學後，我們要留下來討論地理報告喔。
對哦，還有這個啊……
沒問題！

下中學
放學後
曉琪，東西收拾好就來辦公室找我。
你也太累了吧。都放學了還要留下來練習演講。
上次輸給A中，老師特別找學長姐回來幫我們特訓。
而且這次是難度更高的即席演講，
最近我都不知道做幾次惡夢了。
那就跟老師說壓力太大、不想參加啊！
我……
我說不出口啊……

隔天早上
累～
唉，結果昨晚又失眠了。
兩位早安啊。
埋頭
看書
?
你們是怎麼了？
昨天約好要討論地理報告……
糟了！完全忘記！
反正你的演講比報告重要啊！
我沒有這樣想啦！對不起，求求你們不要生氣了！
我怎麼會生氣？我們不是最好的朋友嗎？呵呵呵。
不要這樣啦，我真的不是故意的……

你會覺得壓力大到喘不過氣嗎？

曉琪因為即將來臨的演講比賽而備感壓力，再加上段考也快到了，為了避免像上次一樣成績退步，得要加緊腳步準備，這些事情加在一起，讓平時表現良好的她也感到分身乏術，導致最後忘記討論地理報告的時間，被朋友責怪。

你是不是也覺得生活中煩惱的事好多，快要負荷不過來？或是覺得課業壓力大到喘不過氣，只想逃開這一切？還是你認為「事情也沒有很嚴重」，可是不知道為什麼就是覺得好煩，做什麼都不順，脾氣也變得很暴躁？

壓力無所不在，重點是總量管理

有壓力很正常，生活中任何變動、不確定的事情都有可能造成壓力，就連開心的、得意的事情也一樣。比方說，第一次跟喜歡的對象約會、代表班上參加演講比賽……事件本身雖然帶來正向情緒，可是仍舊會有壓力存在。

壓力來源通常可以分成以下四種：

◆成就表現

這是最明顯、也最讓人困擾的壓力來源。除了學校的考試成績，還有演講、跑步、作文……各種課外活動，只要你擔心自己會做不好，就可能形成壓力。

◆ **人際關係**

和朋友吵架、和父母相處有問題、朋友間產生小圈圈、擔心別人不喜歡自己……煩惱自己與別人的關係，不知該如何應對，也會造成壓力。

◆ **自我健康**

睡眠不足、營養不均衡、體力耗損、眼睛疲勞等，身體上的各種問題，都可能造成壓力；有時候壓力也會反過來影響身體，造成各種不舒服。

◆ **自我概念**

嫌自己太胖、太瘦、太高、太矮、不夠漂亮、不夠帥、覺得自己不夠聰明、功課不好，甚至對自己將來能做什麼、要往哪裡去都感到困惑。青春期是發展「自我概念」的重要階段，對自己、對世界、對未來感到困惑時，若無人解答、自己也找不到答案，無形之中也會演變成壓力來源。

一樣的事件，壓力大不同

壓力有強度的差別。比方說，同樣都是和朋友吵架，對象是認識好幾年的死黨，還是這學期剛交的新朋友，造成的壓力肯定不一樣。明天是基測還是段考、是對全校的演講還是對班上同學的報告，類似的事件，對象、規模不同，壓力也一定不同。

另外，持續度和急迫性也會影響壓力的大小。兩天就好的小感冒，跟持續一個月的重感冒，後者因為時間長，通常會形成比較大的壓力。籃球比賽的前一天，壓力也一定會比一個星期前大很多。

要消除壓力，最直接的方法是解決造成壓力的問題源頭。考試前壓力很大，考完就好了；演講比賽前緊張得不得了，比賽結束後就沒事。如果一時無法消除壓力的源頭，就要做好心理建設，避免壓力過度累積，壓力過量不只會使情緒控管能力變差，嚴重的話甚至會對身體健康造成影響。

剛剛好的壓力

壓力過大會讓人崩潰，可是完全沒有壓力也不好，研究發現，表現好壞跟壓力大小通常會呈現倒U形的曲線關係。回想一下，你打得最好的一場球、成績最好的一次演講、考過最理想的成績……是不是都有一點壓力？沒有壓力很容易會過於放鬆，適度壓力可以讓身體的神經系統保持一點緊張感，有助於集中注意力，讓思考更活絡，表現更好。不過記得一定要「適度」，壓力過量反而會造成反效果。

所以要找出自己的最適壓力，並且練習控制壓力指數，保持在剛剛好的狀況，讓壓力變成助力；而不是一直累積，變成壓垮駱駝的最後一根稻草。

CHECK

你知道自己的壓力溫度有多高嗎？

你覺得生活中的壓力壓得你喘不過氣？還是覺得一切OK，都還應付得過來？看看下面的選項，有幾個符合你的情況。說不定你的壓力已經瀕臨爆表邊緣，自己卻還不知道呢！

(　)1. 最近家庭或學校出現不少變化，比如搬家、親人生病、換導師等。

(　)2. 家庭或學校生活遇到一些問題，比如和家人吵架、學習遇到困難等。

(　)3. 過去很有興趣的事，現在不太有時間做，或失去興趣。

(　)4. 沒什麼時間和機會運動。

(　)5. 常常覺得頭昏腦脹，思考變得比較遲鈍。

(　)6. 睡眠品質很差，常常做夢。

(　)7. 總是感到疲倦，剛睡醒都會覺得累。

(　)8. 常覺得身體緊繃、腰酸背痛；或是很緊張，無法放鬆。

(　)9. 無緣無故出現肚子痛、便祕、拉肚子等症狀，甚至可能持續好幾天。

(　)10. 很容易因為小事生氣或焦躁不安。

解析

8-10 項	壓力溫度 100 度	你的壓力已經瀕臨爆表，身體出現狀況，情緒也極度不穩定。 趕快找父母或師長幫忙！
6-7 項	壓力溫度 70 度	你應該也感覺到自己壓力很大，說不定有時會無緣無故的生氣或大哭。建議你可以找父母或好友聊聊天，平時也試著多放鬆。
3-5 項	壓力溫度 50 度	你可能常常覺得有點煩，或許已經感受到壓力造成的困擾。可以先試著找出壓力源頭，自己調節。
1-2 項	壓力溫度 20 度	你表面上看起來可能一切正常，但其實還是有輕微的壓力。不過放心，這點壓力你還應付得來，也不會過度影響日常生活。

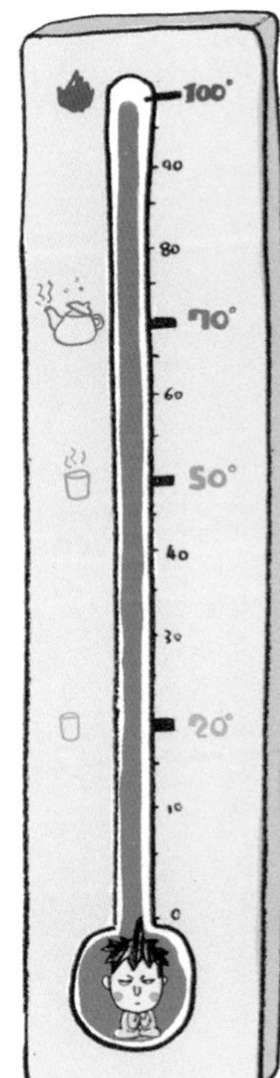

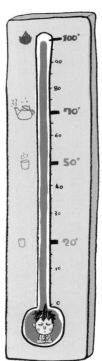

二工具，助你對抗壓力

同樣一件事情對不同的人來說，所感受到的壓力高低也不同。當你感到生活中的壓力時，可以利用下面的兩項工具，了解哪些事件容易為自己帶來壓力，並且適度排解。

1 設計專屬的「壓力指數檢測表」，做好總量管理

生活中有許多事都會帶來壓力，不過相同的事件，對每人的壓力不一定相同。利用下頁的表格檢查每件事對自己造成的情緒及生理反應，有的就打勾。將打勾的數量加總，就是這件事對自己的「壓力指數」。

壓力指數檢測表												
事件	生理反應					情緒反應					壓力指數
	失眠或睡不好	注意力不集中	頭痛	常拉肚子或便祕	其他	容易不耐煩	無故發脾氣	無故覺得想哭	不想跟別人說話	其他	
1. 學校環境有大的變化（ex 升上新年級、轉學、換了新老師）											
2. 功課太多，做不完											
3. 上課聽不懂											
4. 考試太多，沒時間準備											
5. 考試成績退步											
6. 參加比賽											
7. 和朋友吵架											
8. 和父母吵架											
9. 和兄弟姊妹吵架											
10. 和朋友有誤會											
11. 擔心別人不喜歡自己											
12. 不知道怎麼跟別人相處											
13. 沒有朋友（或朋友很少）											
14. 擔心被孤立、排擠											
15. 覺得父母偏心											
16. 同學之間喜歡比較											
17. 對自己外表不滿意											
18. 對自己個性不滿意											
19. 對未來覺得很茫然											
20.											
21.											
總量：											

接下來，你可以每個月挑一個固定時間，把最近覺得的壓力比較大的事件跟壓力指數記錄下來，隨時檢查自己有沒有壓力爆表！

2 善用資源，建立壓力緩衝盾

在了解自己的壓力來源之後，下次當遇到類似的事件，就可以利用以下幾個小方法，避免自己壓力爆表，善用身邊的資源，建立起一道堅實的壓力緩衝盾。

◆ 尋找啦啦隊

啦啦隊是非常重要的「支援系統」，比方說你為了討論報告，這個月都無法按時回家倒垃圾，可以試著請兄弟姊妹幫忙分攤；或是壓力實在大到需要找人發洩一下，可以去輔導室找老師聊聊，和朋友打場籃球。就算無法直接幫忙，有他們的鼓勵，也會更有信心面對壓力。

◆養成照顧身體的習慣

有壓力時，免疫力會變差。除了保持平時規律生活、均衡飲食的習慣，壓力大時更要注意身體狀況，以免不健康的身體造成自己更大的壓力。

◆累積面對壓力正面經驗

記取每一次面對壓力、解決問題的經驗，除了幫助自己在下次遇到問題時可以更快找到方法，也更強化自己面對壓力的心理素質。

老鼠也會得胃潰瘍？

心理學家做過一個實驗，測試老鼠對壓力的反應。實驗中老鼠被分成三組，綁住身體跟後肢，只剩前肢可自由活動，同時在尾巴綁上可通電的電線，然後把牠們關在籠子裡。三組老鼠籠子設計略有不同，第一組的籠子前面有個按鈕可以阻斷電流；第二組的籠子前面也有按鈕，但卻沒有阻斷電流的作用，第三組則是沒有通電。

實驗開始後，心理學家將老鼠尾巴的電線接上電源，第一組老鼠受到刺激，前肢亂揮時不小心壓到前面的按鈕，造成電的刺激消失，老鼠的壓力就解除了。幾次之後，老鼠就會學到「壓按鈕＝壓力解除」，知道自己對壓力有一定的掌控能力。

第二組的老鼠比較可憐，籠子前端的按鈕沒有連接電線，所以就算壓到按鈕，壓力也不會消失；但牠們的電線和第一組相連，當第一組老鼠受到電擊時，牠們也會被電到。第三組老鼠則是從頭到尾都沒有受到電的刺激。

實驗一週之後，心理學家發現有些老鼠竟然得了胃潰瘍！猜猜看，生病的是哪一組老鼠？

答案是第二組。這一組老鼠碰到壓力時，因為無法獲得掌控權來停止壓力源，牠們得到胃潰瘍的機率就大大提高了。

本章重點

有壓力很正常，而且正向的事情也會帶來壓力。

壓力，也是助力。重點是要有總量管理的概念。

尋找支援、照顧身體，知道自己有哪些抗壓資源，以及如何調度。

延展練習

1

生活中許多事都會造成壓力，隨時評估自己的壓力狀態。

2

想一想目前帶給自己壓力最大的五件事，列出影響程度和必要性，試著挑出可以「放下」的兩件，並實際執行。

3

學會斷捨離，放掉小的壓力，避免壓力爆表。

痛點 8

我覺得生活缺乏樂趣，做什麼都提不起勁……

日復一日的忙碌生活，該怎麼做才可以感受到樂趣呢？

1年5班
最後一次段考終於結束，班上同學滿心期待假期來臨。
以上就是假期間該注意的事情。但在放假前，老師還要交代最後一件作業。
不要啦！
蛤？
什麼！
請大家利用暑假好好思索一下，生活中最快樂、最幸福的事。
嚇死人了，還以為是多困難的作業。
是啊，這根本就不用想啊！
最快樂的事就是看湖人被痛宰！嘿嘿！
對我來說，能夠親手把模型組裝好就很幸福了。
好啦！那就正式開始放暑假了，大家如果出去玩，一定要注意安全喔！

愣在原地
依潔你怎麼啦？放假了還坐在這裡？
我擔心暑假作業做不出來……
哪一科啊？我可以教你啊。
幸福跟開心的那一個……
關於幸福那一個?!
有很多事都可以令人覺得開心啊。像是被喜歡的人告白、
吃到好吃的東西、努力準備考試得到好成績……
這些事情或許是會令人開心沒錯，
但也只是開心一下子，沒多久我的情緒又會變得很低落……

我可以坐你旁邊嗎？
？
依潔，老師認為你是太認真了，才會影響自己的心情。
是不是因為太過在意每件事情，所以變得有些鑽牛角尖，連帶讓你心情變差，開心不起來呢？
其實有人統計過，我們在生活中感受到不快樂的時間只有五分之一，只是因為負向情緒比較強烈，所以容易被記住。
你可以試著記錄一天所發生的每一件事，那時你就會發現真正讓自己不開心的事只有兩、三件而已。
既然生命中真正讓人沮喪的事情這麼少，就應該把心胸敞開，不要給自己太大的壓力。我們所擔心的事情有時根本沒那麼嚴重，更何況也不一定會發生呀。

我也要順便跟曉琪道歉，沒想到讓你參加演講比賽給你帶來這麼大的壓力。
可是我還是很容易因為一、兩件小事，不開心一整天啊。
解決方法很多。像是每天記錄開心的事，或是經常在鏡子前練習笑一笑，這些都是帶來好心情不錯的方法。
有的時候只要把語詞改變一下，效果也不錯。
語詞轉換？
像是沒搶到限量商品時，心裡想：「糟透了！沒搶到限量商品。」
跟：「真可惜啊！沒搶到限量商品。」感覺是不是不太一樣呢？
好像有好一點。
其實每個人的情緒特質，就像他們對幸福的感受一樣因人而異。大家要學會包容彼此的差異。
希望你們在假期中可以好好思考這點，並且試著改變自己看待事情的角度喔。
嗯！

你快樂嗎？

你覺得什麼是生活裡最幸福、最快樂的事？

你是不是像漫畫裡的依潔一樣，覺得每天都很無聊，生活中沒什麼值得高興的事？即使得到稱讚，或是收到想要很久的禮物，也往往也只會開心一下，過沒多久就忘記高興的情緒。你有想過這是為什麼嗎？還是你跟曉琪一樣天性樂觀，一點小確幸就能快樂很久，對於生活中每件事都抱持著期待？

你覺得自己是兩種人中的哪一種人呢？

如果以0-10分代表極度快樂到極度不快樂，你覺得自己平常的快樂程度大概在哪裡？

- 10分：極度快樂
- 9分：非常快樂
- 8分：很快樂
- 7分：中度快樂
- 6分：有點快樂
- 5分：持平
- 4分：有點不快樂
- 3分：中度不快樂
- 2分：很不快樂
- 1分：非常不快樂
- 0分：極度不快樂

再想想看，你覺得快樂的時間比例大約有多少？

其實，生活中笑臉比哭臉多

心理學家做過一個實驗，他們在一天中，每隔一段時間打電話給同一位受試者，請他回答自己「當下」的心情是快樂，還是不快樂。結果跟我們想像的不太一樣。心理學家統計之後發現，一般人的快樂指數接近7分，多數人在生活中感受到快樂的比例大約是55％、不快樂20％，其他25％則是持平的感覺。也就是說，生活中的快樂比不快樂要多，可是為什麼我們往往會覺得「人生不如意事，十有八九」呢？

負向情緒有助生存，但不利於心理健康

我們比較容易記住負向的情緒，其實是有生存上的意義，因為這些情緒通常伴隨著困難或危險，我們必須記住失敗的例子，才能避免重蹈覆轍；比方說，我們得記住哪些食物會讓自己過敏，健康才不會出狀況。所以負向的情緒感受通常比較強，也比較容易留在我們記憶中。

另外，小時候周遭大人、父母比較常用負向言語，或是從負面角度思考；例如考試得了高分，有的父母可能不習慣稱讚孩子，或是以為稱讚會讓孩子變得驕傲，反而會說：「不要得意忘形」、「下次不一定也能考好」。大人或許出於善意，認為這樣說可以達到激勵孩子的效果，但事實上卻會付出代價，使得孩子在耳濡目染下，逐漸習慣負向感受、負向思考。

利用認知創造正向情緒

負向情緒有助於生存，卻不利心理健康。如果常常使用負向詞彙表現情緒，久而久之就會更容易看到事情不好的一面，造成惡性循環，也會讓自己

沉浸在不好的心情中。相反的，當感覺沮喪、壓力、挫折等負面情緒來臨時，若能用正確的方法表達或調節，就可以幫助自己常保心情愉悅，連帶人緣也會變好，甚至念起書來也變得更有效率。

生活中很多事件的情緒本來就不是絕對的。情緒產生的機制包括三個面向：生理反應、認知，以及表情和動作，這些因素可以產生負向情緒，也可以運用它們創造正向情緒，增加幸福快樂的經驗。

CHECK 你是容易感受快樂的人嗎？

你常用哪些詞彙來形容自己的情緒？是正向的多，還是負向的多呢？以下這些情緒詞彙，你最常用哪幾個？回想一下，把常用的圈起來。

有趣 P	煩躁 N	開心 P	不爽 N	得意 P
緊張 N	討厭 N	喜歡 P	無聊 N	倒楣 N
太棒了 P	糟糕 N	舒服 P	輕鬆 P	丟臉 N
幸運 P	好玩 P	不幸 N	幸福 P	有壓力 N

解析　P 表示正向情緒、N 表示負向情緒。
算算看自己有幾個 P、幾個 N。P 越多，代表你越常表達正向情緒、越容易感受快樂。

關鍵兩招，主動創造幸福感受

當你感覺負向情緒揮之不去時，可以藉由以下兩個妙招，找回幸福正向的感受。

1 快樂大聲說

尋找生活中的「快樂」：規定自己每天在生活中，找出一件以上讓你感覺快樂的事情，再參考下頁的正向情緒詞彙，找出快樂的原因，並且主動分享給周遭的人。久而久之，你就會習慣從正面角度看待事情。

◆ **正向情緒詞彙**

有趣、開心、得意、喜歡、太棒了、舒服、放鬆、幸運、好玩、幸福

2 不快樂，換個方式說

說話與言語的力量，可以影響思考和想法。不快樂的時候，運用語詞來轉換負面情緒的感受，有助於調整情緒，恢復快樂心情。

◆ **找出非理性的想法**

負向情緒來臨時，注意自己常用的言語，是否有178頁裡的線索。如果有，就要仔細判斷這是理性還是非理性的想法，這麼想對自己有幫助還是沒幫助。

◆ **換個詞說說看**

將「一定」替換成「也許」，「全部」替換成「有些」，「每次」替換成

「偶爾」之類的用詞，試著利用程度的調整，創造正向情緒。

比方說，把「又跑輸了，我『果然』沒有運動細胞。」調整成「又跑輸了，我『可能』沒有運動細胞吧。」，「『大家』都不喜歡我」調整成「『有些人』不喜歡我」。「啊！踩到水害鞋子弄溼了，真倒楣。」改成「『還好』只有鞋子弄溼，沒有一跤跌進水裡。」

非理性想法的線索	可以替換的用詞	範例
受不了	不喜歡	真「受不了」我媽一天到晚盯我功課 →實在「不喜歡」我媽一天到晚盯我功課
糟透了	真可惜	唉呀，「糟透了」，沒搶到限量商品！ →唉呀，「真可惜」，沒搶到限量商品。
完蛋了	好失望	「完蛋了」，老同學都分到別班，新的班級我一個人都不認識。 →「好失望」，老同學都分到別班，新班級我一個人都不認識。
所有	有些	「所有」牌都是爛的，我輸定了！ →「有些」牌挺爛的，老實說贏的機率不大。
全部	一部分	班上的女生「全部」都在跟我作對啦！ →班上的女生有「一部分」會跟我作對。
一定	也許	他都不聽我解釋，「一定」很討厭我。 →他都不聽我解釋，「也許」不喜歡我吧？
總是	有時候	他「總是」放我鴿子！ →他「有時候」會放我鴿子！
每次	偶爾	爸爸「每次」都不聽解釋就罵人。 →爸爸「偶爾」會不聽解釋就罵人。

本章重點

- 生活中正面、負向情緒出現頻率差不多；情緒不是絕對，重點是我們認知的角度。
- 負向情緒有利生存，但不利於身體健康。
- 正向情緒是可以主動創造出來的。

延展練習

1

練習「沒事笑一笑」：表情會影響情緒。練習沒事多微笑，你會發現這個世界真的很不錯，正向情緒也會多一點。

2

寫「幸福日記」：每天睡覺前，記錄今天遇到的五件讓自己感受到快樂幸福的事，創造幸福感受。

第3章

情境習作

1 情緒管理流程圖

檢查一下，自己的情緒管理通常是在哪一步出了問題？

事件發生！

覺察

我會感覺到一點不好（或好）的情緒

沒有 → 每一件事都會引發情緒。只是我們可能習慣壓抑、隱藏自己的情緒。學習掌握自己的情緒線索，如果小情緒不處理，累積成情緒火山大噴發就不好了！

可參考痛點 1

有 ↓

辨識

我能分辨是哪一種情緒嗎？

不能 → 每一種情緒都能對應到特定情境，以及特定的行為反應。練習從情境跟反應，分辨並表達自己真正的情緒，才不會總是哀怨沒人了解你的心～

可參考痛點 2

能 ↓

（情緒處理指式）

（爆發型）

青春期是訓練大腦情緒控制重要階段。情緒來時，練習「停 3 秒，再反應」訓練自己神經迴路不要衝動，理智判斷情緒！

控制

可參考痛點 3

（累積型）

每個人都有自己的「天生氣質」。容易感受負面情緒沒有不好，不過還是要找到抒解的方法，才不會老鑽牛角尖、越來越鬱卒。

調節

可參考痛點 4

（情緒管理進階班）

因為生存的需要，我們通常比較容易記住負面的情緒，所以更需要記住正面的生活經驗，創造幸福快樂的感受

創造快樂

可參考痛點 8

壓力運用得好可以變成督促自己的助力，重要的是要懂得總量管理，適時釋放小壓力，別讓壓力鍋爆炸！

壓力控管

可參考痛點 7

是需要，還是想要？能控制自己的欲望、對欲望設定合理的達成步驟，對未來可是大有幫助。

延宕滿足

可參考痛點 6

「越挫越勇」是對的嗎？應該要先訂定合理目標，然後再奮力一試。挫折其實是認識自己極限的最好方法。

耐挫力

可參考痛點 5

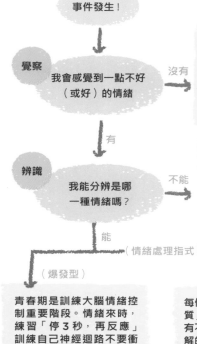

2 我的情緒事件記錄簿

持續記錄自己的情緒和行為反應，更加了解自己的情緒特質。

（此頁可剪下影印重複使用）

日期				
時間				
事件描述				
我的情緒感受	○正面情緒 ○負面情緒	情緒描述 ○快樂 ○悲傷 ○恐懼 ○憤怒 ○驚訝 ○厭惡 ○其他 ______	情緒強度 ①②③④⑤ ⑥⑦⑧⑨⑩	情緒持續持間 ○ 5 分鐘 ○半小時 ○半天 ○一天 ○一週左右 ○一週以上
我的反應及處理方式	表情 行為／動作 言語			

13 歲就開始⑤

給中學生的 情緒管理術

一輩子都需要的情緒調適力，現在開始學習！

作　　者｜楊俐容、孫德齡
繪　　者｜蛋糕假面 X
插　　畫｜水腦
協力指導｜臺灣芯福里情緒教育推廣協會

責任編輯｜張玉蓉
特約編輯｜游嘉惠
封面設計｜陳宛昀
行銷企劃｜王予農、林思妤

天下雜誌群創辦人｜殷允芃
董事長兼執行長｜何琦瑜
媒體暨產品事業群
總 經 理｜游玉雪　副總經理｜林彥傑
總 編 輯｜林欣靜　行銷總監｜林育菁
主　　編｜楊琇珊　版權主任｜何晨瑋、黃微真

出版者｜親子天下股份有限公司
地址｜台北市 104 建國北路一段 96 號 4 樓
電話｜（02）2509-2800　傳真｜（02）2509-2462
網址｜ www.parenting.com.tw
讀者服務專線｜（02）2662-0332　週一～週五：09:00~17:30
讀者服務傳真｜（02）2662-6048
客服信箱｜ parenting@cw.com.tw
法律顧問｜台英國際商務法律事務所・羅明通律師
製版印刷｜中原造像股份有限公司
總經銷｜大和圖書有限公司　電話：（02）8990-2588

出版日期｜2015 年 6 月第一版第一次印行
2022 年 8 月第二版第一次印行
2024 年 3 月第二版第五次印行
定　　價｜380 元
書　　號｜BKKKC210P
I S B N｜978-626-305-252-9（平裝）

訂購服務

國家圖書館出版品預行編目(CIP)資料

給中學生的情緒管理術：一輩子都需要的情緒調適力，現在開始學習！／楊俐容，孫德齡文；蛋糕假面X漫畫. -- 第二版. -- 臺北市：親子天下股份有限公司，2022.08

184 面；14.8x21 公分. --（13 歲就開始；5）

ISBN 978-626-305-252-9（平裝）

1.CST: 中學生　2.CST: 情緒管理

524.7　　111008188